これだけ！

教養試験

要点まとめ＆
一問一答

はじめに

　公務員試験は誰でも合格可能な試験です。しかし、一般的には難しいという認識が広まっています。これは、教養試験の科目数が多いので、幅広く勉強しなければ合格できないと思われているからです。

　教養試験では、中学〜高校で学んだものを含め、十数科目が出題されます。なぜ、こんなに多くの科目を課しているのでしょう。公務員には幅広い知識をもって欲しいからだといわれていますが、採用側は全問正答を期待していません。さまざまな分野から広く人材を集めたいので、得意分野で得点できるよう科目数を多くし、受験しやすいように配慮しているのです。

　教養試験は60〜70％得点できれば合格になります。全科目の全範囲を学習しようとすると、時間が足りません。得意分野で勝負する「戦略」が合格のためには必要です。

　この本は、教養試験全般について、試験によく出る項目を厳選し、ポイントを理解・暗記しやすいように編集しています。出題量にあわせて収録項目数を変えていますので、どの科目で得点を積み上げていくか、「戦略」を立てるうえで役立つ構成となっています。知識分野攻略のバイブルとして学習開始から試験直前まで、是非ご活用ください。

上野法律セミナー

代表　潤田　雅之

本書の特長と使い方

本書は、地方公務員初級〜上級、国家一般職、警察官・消防官、経験者採用の教養試験の要点まとめ集です。合格ライン(70%)を目指す学習が効率的にできるようつくられています。

●公務員試験を熟知した著者が項目を厳選！

過去の試験の出題傾向から頻出項目をまとめ、覚えやすいよう整理しました。さらに、各項目末のCHECK問題で覚えたことをすぐに確認！一問一答式なのでサクサク進められます。

特に重要度の高い項目には重要マークつき！

重要語句は隠して覚える！

要点が整理できたら一問一答にチャレンジ！

●繰り返し確認できる！赤チェックシートつき

重要語句は赤チェックシートで隠せるようにしています。何度も確認し、着実に力をつけましょう。試験直前の最終チェックにも役立ちます。

●本試験形式に沿った実力チェック問題

本番と同じ5肢択一形式に挑戦！実際の試験の雰囲気がつかめます。

3

CONTENTS

はじめに ……………………………… 2
本書の特長と使い方 ……………… 3

第1章 一般知識 7

社 会 科 学

政 治

01 政治理論 ……………………… 8
02 憲法の基本原理 ……………… 10
03 基本的人権総論 ……………… 12
04 基本的人権各論 ……………… 14
05 国 会 …………………………… 18
06 国会と内閣 …………………… 22
07 衆議院の優越 ………………… 24
08 内 閣 …………………………… 28
09 裁判所 ………………………… 30
10 地方自治 ……………………… 32

経 済

01 市場メカニズム ……………… 34
02 国民所得 ……………………… 38
03 景気循環と経済成長 ………… 40
04 通貨と金融 …………………… 42
05 日本銀行 ……………………… 44
06 財政の機能 …………………… 46
07 租 税 …………………………… 48
08 自由貿易・国際収支 ………… 50
09 通貨制度と為替レート ……… 52
10 国際通貨体制 ………………… 54
11 日本経済史 …………………… 56
12 経済学説 ……………………… 58
13 経済関連用語 ………………… 60

国際政治

01 国際連合 ……………………… 62
02 各国の政治体制 ……………… 64
03 国際社会の動き ……………… 66

社 会

01 社会保障 ……………………… 68
02 環 境 …………………………… 70
03 労 働 …………………………… 72

人 文 科 学

日本史

01 法制史 (鎌倉～江戸初期) ………… 74
02 宗教史 (中世～近世) …………… 76
03 経済産業史 (江戸～戦後) ……… 78
04 政治制度 (中世～近代) ………… 82
05 江戸の五大改革 ………………… 86
06 近現代の戦争 …………………… 90
07 日本社会 (戦後～) ……………… 94
08 外交史 (開国～昭和初期) ……… 96

世界史

- 01 ルネサンス …………………… 98
- 02 大航海時代 …………………100
- 03 宗教改革 ……………………102
- 04 宗教戦争 ……………………104
- 05 絶対王政 ……………………106
- 06 イギリスの市民革命 …………110
- 07 産業革命 ……………………114
- 08 アメリカの独立 ………………116
- 09 フランスの市民革命 …………118
- 10 ウィーン体制 …………………122
- 11 帝国主義政策 …………………124
- 12 第一次世界大戦後 ……………128
- 13 ヴェルサイユ体制の崩壊 …………132
- 14 戦後の国際情勢 ………………134
- 15 中国王朝史 …………………136

地理

- 01 世界の地形 …………………140
- 02 世界の気候 …………………144
- 03 世界の農業と土壌 ……………148
- 04 エネルギーと鉱産資源 …………152
- 05 アジア地誌 …………………154
- 06 ヨーロッパ地誌 ………………158
- 07 アメリカ地誌 …………………160
- 08 アフリカ・オセアニア地誌 …………162

思想

- 01 東西思想史 (古代～中世) …………164
- 02 西洋思想史 (近世～近代) …………168
- 03 西洋思想史 (現代) ……………172
- 04 日本思想史 (近世) ……………174
- 05 日本思想史 (近代) ……………176

文学・芸術

- 01 日本の文学史 …………………178
- 02 世界の美術・音楽 ………………180

国語

- 01 同音異義語・四字熟語 …………182
- 02 ことわざ・慣用句 ………………184

自 然 科 学

数学

- 01 式の計算 ……………………186
- 02 関 数 ………………………188

物理

- 01 物体の運動 …………………190
- 02 力のつり合い …………………192
- 03 電 気 ………………………194
- 04 波 動 ………………………196
- 05 エネルギーの保存 ……………198

化学

- 01 物質の構造 …………………200
- 02 元 素 ………………………202
- 03 法則と化学反応 ………………204
- 04 気体の性質 …………………206

CONTENTS

自 然 科 学

生 物
01 細胞・酵素 ……………………208
02 光合成と呼吸 ………………210
03 身体の調節① ………………212
04 身体の調節② ………………214
05 遺 伝 …………………………216

地 学
01 地球の構造・地震 …………218
02 気 象 …………………………220
03 太陽系 ………………………222

第2章 一般知能 225

数的推理
解法のコツ① 式を工夫する …………226
解法のコツ② 図を使う ………………228
解法のコツ③ 発想を変える …………230
解法のコツ④ 表を使う ………………232

判断推理
解法のコツ① 表を使う ………………234
解法のコツ② ブロックを書き出す ……236
解法のコツ③ 法則を利用する …………238
解法のコツ④ 特殊解法を覚える ………240

空間把握
解法のコツ① 法則を覚える …………242
解法のコツ② 推理のルールを覚える …244

資料解釈
解法のコツ① 表を読み解く …………246
解法のコツ② グラフを読み解く ……248

文章理解
POINT解説① 現代文の解法 …………250
POINT解説② 英文法整理 ……………252

第3章 実力チェック問題 255

問 題 …………………………………256
解答・解説 ……………………………282

編集協力／株式会社まどか

第 1 章

一般知識

社会科学
政 治
経 済
国際政治
社 会

人文科学
日本史
世界史
地 理
思 想
文学・芸術
国 語

自然科学
数 学
物 理
化 学
生 物
地 学

社会科学 01 政治

政治理論

1. 社会契約説

国家（社会）は人々の契約により成立するという考え方。
- **自然状態**…国家（社会）成立以前の状態。
- **自然権**…自然状態で人が生まれながらにもつ生命、自由、平等などの権利。

> ホッブズ、ロック、ルソーの主張の比較がよく出題されるよ。

重要 2. ホッブズ

- **主著**…『リヴァイアサン』。旧約聖書に出てくる海の怪獣にちなんだタイトル。
- **自然状態**…「万人の万人に対する闘争状態」。自然権を自己保存の権利とし、それを守るため人々が無秩序に争う状態。
- **社会契約**…自己保存のために自然権を放棄し、強力な統治者に絶対的権限を与え、平和を維持してもらう契約を結ぶ。

※結果的には絶対王政を擁護することになった。

重要 3. ロック

- **主著**…『統治二論』。『市民政府論』『市民政府二論』とも訳される。
- **自然状態**…自由・平等で一応平和だが、まれに強盗など自然権が脅かされる状態。ロックは自然権のなかでも財産権を重視した。
- **社会契約**…自然権（生命、自由、財産）を代表者に信託する契約を結んで国家をつくる。国家が信託に反した場合、人民の抵抗権（革命権）の行使を認める。

※ロックの思想は名誉革命を擁護し、アメリカ独立革命に影響を与えた。

重要 4. ルソー

- **主著**…『社会契約論』『人間不平等起源論』。
- **自然状態**…個人では自由かつ平等で平和な理想的状態。しかし、私有財産制度が始まり、貧富の差や搾取が生まれた。
- **社会契約**…社会状態において自由と平等を回復するため、自分たちのもつ権利をすべて共同体に譲渡する。自然権を譲渡された共同体は一般意思を形成し、市民はそれに従うことで自由になると考えた。

※ルソーの思想は後のフランス革命に強い影響を与えた。

	自然状態	社会契約	政治体制
ホッブズ	万人の万人に対する**闘争状態**	自然権を国家に譲渡	**君主**制
ロック	自由・平等（やや不完全なもの）	自然権を国家に**信託**（**抵抗**権あり）	**議会制民主**主義
ルソー	生まれながらにして自由・平等	自然権を共同体に譲渡**一般意思**にもとづく国家への服従	**直接民主**主義

3人に特徴的なキーワードを覚えよう。

 CHECK問題 （ ）にあてはまる言葉を答えよ。 解答

❶ ホッブズは自然状態を〔　〕と呼んだ。　≫　万人の万人に対する闘争状態

❷ ロックは信託に応えない国家に対する〔　〕を認めた。　≫　抵抗権（革命権）

❸ ルソーは共同体が形成する〔　〕に従うことを主張した。　≫　一般意思

❹ 『リヴァイアサン』を著したのは〔　〕である。　≫　ホッブズ

❺ ルソーは〔　〕民主主義を主張した。　≫　直接

社会科学 02 政治
憲法の基本原理

1. 日本国憲法の成立
- **経緯**…1945年のポツダム宣言受諾にともない、それまでの大日本帝国憲法を改正する形式で成立した。
- **公布**…1946年11月3日、**施行**…1947年5月3日
- **日本国憲法の三大原理**…①国民主権　②基本的人権の尊重　③平和主義

2. 国民主権
- **国民主権**…国の政治を最終的に決定するのは国民であるということ。

＜国民主権を具体化した規定＞
- 国権の最高機関である国会の議員を選ぶ普通選挙権（第15条）
- 最高裁判所の裁判官の国民審査（第79条2項）
- 1つの地方公共団体のみに適用される特別法の住民投票（第95条）
- 憲法改正の国民投票（第96条）

> 戦前は天皇主権、戦後は国民主権に！

重要 3. 基本的人権の尊重

- **基本的人権**…人間が人間であるという、ただそれだけで当然に有する権利。
- **永久不可侵**…人権は国家以前のものであり、永久不可侵性をもつ。国民の人権を尊重・擁護することが憲法の目的。日本国憲法では「法律の留保」を認めない。
- **法律の留保**…法律の範囲内において権利が認められること。これがあると人権制限が可能となる。大日本帝国憲法では、人権は**天皇が与えた**臣民の権利として考えられ、法律の留保がついていた。
- 人権は与えられるものではなく、**生まれながらにして当然にもつ**権利。

4. 平和主義

- **憲法第9条**…前文にある恒久平和主義を実現するため、「戦争の放棄」「**戦力**の不保持、**交戦**権の否認」を掲げている。

5. 大日本帝国憲法と日本国憲法の比較

大日本帝国憲法		日本国憲法
天皇主権	主 権	国民主権
欽定（天皇がつくった）憲法、硬性憲法	形 式	民定（国民がつくった）憲法、硬性憲法
①神聖不可侵の存在 ②統治権の総覧者（すべての権限が天皇に集中） ③国家元首	天 皇	①日本国の象徴 ②国事行為のみ行う…内閣の助言と承認が必要 ③内閣総理大臣・最高裁判所長官を任命
①恩恵的な臣民の権利…法律による制限あり ②種類は少ない（社会権なし）	人 権	①基本的人権は永久不可侵の権利…公共の福祉により例外的に制限される場合あり ②種類は多い（社会権あり）
①条文なし ②天皇の輔弼機関としての位置づけ	内 閣	①行政権の最高機関 ②議院内閣制
天皇の協賛機関（協力して賛同する機関）	国 会	①国権の最高機関で唯一の立法機関 ②衆議院の優越あり
違憲立法審査権なし	裁判所	違憲立法審査権あり
規定なし	地方自治	地方自治の本旨を尊重

※硬性憲法…改正手続が慎重に行われるもの。

Q CHECK 問題（ ）にあてはまる言葉を答えよ。　　**A 解答**

❶ 日本国憲法の三大原理は国民主権、〔　〕、平和主義の3つである。　　**基本的人権の尊重**

❷ 国民が国の政治を最終的に決定できる権限を〔　〕という。　　**国民主権**

❸ 日本国憲法では人権を〔　〕の権利としている。　　**永久不可侵**

❹ 〔　〕を規定した条文として、第9条がある。　　**平和主義**

❺ 地方自治の規定は〔　〕にはなかった。　　**大日本帝国憲法**

社会科学 **03** 政 治

基本的人権総論

重要 ## 1. 人権享有主体性

人権は生まれながらにもつ権利なので、誰にでも認められる。ただし、国籍や職業などの理由によって、人権が例外的に制限される場合がある。

①外国人で制限されるもの

認められないもの	国政への参政権（国会議員の選挙権）、社会権、入国の自由
制限されるもの	政治活動の自由 （国の政治的意思決定に影響を及ぼす活動は制限を受ける）

②公務員で制限されるもの

団結権 団体交渉権	警察官や消防官など、実力行使をする公務員には認められない
団体行動権 （争議権）	全面一律禁止される
政治活動の自由	選挙権の行使以外の活動は認められない

※公務員は公共的な職務を担当するので、団体行動権（ストライキする権利など）は全面一律禁止となっている。

2. 人権の歴史と国家観

18〜19世紀以前の絶対王政の時代では、身分差別が強く、人の自由は国家に奪われていた。その後市民革命を経て、**自由**権と**平等**権が確立する。

しかし、社会経済の発展は貧困や失業などの新たな不自由や不平等をもたらした。そこで国家が積極的に弱者を守るという**社会**権が生まれた。

12

<人権の分類>

人　権	歴史的展開	内　容	国家観
自由権	18世紀	国家から干渉を受けない権利	夜警国家（国家の役割は必要最小限）
平等権		国はすべての国民を平等に扱わなければならない	
参政権	19世紀	政治に参加する権利	
請求権		人権侵害を救済してもらう権利	
社会権	20世紀	人間に値する生活を国家に請求する権利	福祉国家（国家は積極的に国民生活に介入）

人権と国家観をあわせて覚えよう。

CHECK問題（　）にあてはまる言葉を答えよ。

❶ 日本国憲法で外国人に認められていない権利は、社会権、入国の自由、〔　〕である。
≫ 国政への参政権

❷ 職務の公共性という観点から、公務員の〔　〕は全面的に一律禁止。
≫ 団体行動権（争議権）

❸ 資本主義が発展する過程で生じた弱者を守るため、誕生した人権は〔　〕である。
≫ 社会権

❹ 市民革命により絶対王政を倒し、確立した権利は〔　〕、平等権である。
≫ 自由権

❺ 国家が国民生活に積極的に介入して弱者を守るという国家観を〔　〕という。
≫ 福祉国家（観）

社会科学 **04** 政治

基本的人権各論

重要 1. 自由権

● **精神的自由権**…精神活動の自由を保障。

種類	権利の内容	特徴	公共の福祉
思想・良心の自由 (第19条)	心のなかで考える自由	**沈黙**の自由（心のなかのことを表現することを強制されない自由）も含まれる	制約は**絶対禁止**
信教の自由 (第20条)	神仏を信じる自由、信じない自由	国家と宗教が結びつくことを禁止している（**政教分離原則**）	**公共の福祉**による制約があり得る
表現の自由 (第21条)	自分の思いを外部に表現する自由	**検閲**（事前に内容を審査し、発表を止めること）の**禁止**	
学問の自由 (第23条)	好きな学問を勉強、研究する自由	大学が、時の権力の干渉や圧力を受けずに独立して運営されるという**大学**の**自治**も含まれる	

※公共の福祉…人権同士の衝突を調整する原理。

> 精神的自由権は頻出だよ！

● **経済的自由権**…経済活動の自由を保障。

種類	権利の内容	公共の福祉
職業選択の自由 (第22条1項)	好きな職業に就く自由	経済活動は多くの人を巻き込むため、人権同士が衝突する危険性がより高い。そこで、公共の福祉により**政策的**に制限を**受ける**
財産権 (第29条)	財産を私有する自由。制限する場合は、**正当**な**補償**が必要	

- **身体的自由権**…正当な理由なく逮捕・処罰されないことを保障。

種類	権利の内容
法の正当な手続きの保障 (第31条)	法律の手続きによらずに、逮捕・処罰されない。あらかじめ犯罪と刑罰が明確に定められていることが必要（罪刑法定主義）
逮捕の要件 (第33条)	裁判官の令状がなければ、逮捕されない（令状主義）ただし、現行犯の場合は令状なしに逮捕可能
刑事被告人の権利 (第33～39条)	①自白の強要は許されない（黙秘権の保障） ②奴隷的拘束をしてはならない ③住居への侵入、所持品の捜索には令状が必要である（令状主義） ④拷問や残虐な刑罰を科してはいけない

※刑事被告人（逮捕され起訴された者）も、憲法の規定する基本的人権を認められている。無制限な人権制約は許されない。

> 過去の反省から、現在の憲法には
> 人身の自由に関する規定が多く書かれているよ！

2. 参政権

国民が政治に参加する権利。

種類	権利の内容
選挙権（第15条）	国民が公務員を選定・罷免できる権利
最高裁判所裁判官の 国民審査（第79条）	最高裁判所の裁判官を、国民の投票により辞めさせる制度
住民投票（第95条）	1つの地方公共団体のみに適用される法律をつくる場合は、その地域で住民投票を行い、賛成が必要となる
国民投票（第96条）	憲法改正には国民の賛成が必要となる

> 参政権は国民主権の表れだよ。

3. 社会権

人間に値する生活の保障を求める権利。

種類	権利の内容
生存権（第25条）	生きていくための権利。**プログラム規定**（国の努力目標。法的な権利ではない）なので具体的救済を請求できない
教育を受ける権利（第26条）	教育を受ける権利は平等に保障されている（教育の機会均等）。**義務教育**は**無償**で受けられる
勤労の権利（第27条）	勤労の機会が得られるよう国家に請求する権利
勤労者の**労働三**権（第28条）	労働条件・環境を改善するために認められている ①**団結**権（労働組合をつくる）　②**団体交渉**権（経営者と話し合う）　③**団体行動**権（ストライキをする）

4. 請求権

人権侵害があった場合、救済を受けられる権利。

種類	権利の内容
国家賠償請求権（第17条）	公務員の不法行為によって損害を受けた場合に、損害賠償を請求できる権利
裁判請求権（第32、37条）	裁判を受けることを請求できる権利

5. 平等権

国はすべての国民を平等に扱わなければならない。

種類	権利の内容
法の下における平等（第14条）	不合理な差別は禁止
選挙権の平等（第44条）	1人1票という**1票の価値**の**平等**を目指している

> 外国人には国政選挙権は認められないよ。

6. 新しい人権

憲法制定当時に予想していなかった社会変化に対応し、国民の人権をさらに保障するための権利。憲法に直接の**規定**は**ない**が、憲法上の権利として認めるべきと主張されている。**幸福追求**権（第13条）が根拠となる。

種類	権利の内容
プライバシー権	私生活をみだりに公開されない権利。承諾なく顔や姿を撮影されないという肖像権も認められる
環境権	よりよい環境で生活する権利
知る権利	国民が政府のもつ情報を自由に知ることができる権利
アクセス権	マスメディアに対して、自分の意見発表の場を提供することを求める権利

権利の名前と内容をチェック！

一般知識　社会科学

政治

CHECK問題　（　）にあてはまる言葉を答えよ。

解答

① 思想・良心の自由について、制約は〔　〕である。
>> 絶対禁止

② 職業選択の自由は、〔　〕自由権に分類される。
>> 経済的

③ 教育を受ける権利は平等に保障されている。これを教育の〔　〕という。
>> 機会均等

④ 〔　〕とは、裁判官の令状がなければ逮捕されないことをいう。
>> 令状主義

⑤ 新しい人権は、〔　〕を根拠として認められる。
>> 幸福追求権

社会科学 **05** 政治

国会

1. 国会の組織

衆議院と参議院の両議院からなる二院制（第42条）。

	定　員	任　期	選挙権	被選挙権
衆議院	小選挙区　289名 比例代表区　176名	4年（第45条） 解散すれば任期終了	18歳以上	25歳以上
参議院	選挙区　148名 比例代表区　100名	6年（第46条） 3年ごとに半数改選	18歳以上	30歳以上

重要 ## 2. 国会の種類と会議の原則

種　類	会　期	延　長	召　集	中心的な審議内容
①通常国会 （**常会**）	150日	1回	毎年1回、1月召集	予算の審議
②臨時国会 （**臨時会**）	不　定	2回まで	内閣またはいずれか の議院の**4分の1**以 上の要求	補正予算や外交・国政上 の緊急に必要な事項など
③特別国会 （**特別会**）	不　定	2回まで	総選挙後**30**日以内	内閣総理大臣の指名
緊急集会（参議院） ※厳密には国会ではない	──	──	衆議院の解散中で、 国に緊急の必要があ るとき、内閣が求める	次の国会開会の後**10**日以 内に衆議院の同意がないと 議決は効力を失う

- **両院同時活動の原則**…国会は衆議院と参議院が同時に開会し、同時に閉会することが原則。
- **定足数**…議事・議決を行うためには、**総議員**の**3分の1**以上の出席が必要。
- **議決要件**…原則として、**出席議員**の**過半数**で議決。可否同数のときは**議長**が決定する。

重要

3. 選挙制度

- **衆議院議員総選挙**…衆議院は**小選挙区比例代表並立**制を採用。小選挙区と比例で重複立候補ができる。小選挙区で落選しても比例で復活可能。
- **参議院議員通常選挙**…参議院は**選挙区・比例代表区**を採用。

＜選挙制度の特徴＞

種　類	特　徴	死　票	傾　向
小選挙区制	1選挙区から1人当選	多　い	**二党**制になりやすい
大選挙区制	1選挙区から**複数**当選	少ない	**多党**制になりやすい
比例代表制	**政党**に投票	もっとも少ない	**多党**制になりやすい

※死票…**落選**した候補者に投票した票のこと。

4. 国会議員の特権

- **不逮捕特権**…国会議員は**国会**の**会期中**に逮捕されることはない。ただし、以下の場合は例外。

  ①院外における**現行犯**の場合

  ②その議員が所属する院で、**逮捕許諾請求**が可決された場合

  ※国会の会期前には国会議員を逮捕できる。しかし、次の国会が開会された際に所属議院の要求があれば、逮捕された議員は**会期中**釈放される。

- **免責特権**…国会議員は、議院で行った演説や討論、表決について**院外**で責任を問われない。ただし、以下の場合は例外。

  ①**ヤジ**や私語

  ②議員の所属政党や団体からの懲戒、除名処分

  ③**大臣**として職務上で行った発言

一般知識 社会科学

政治

5. 弾劾裁判所

国会には弾劾裁判所が設置されている。職務上の義務違反や非行により、罷免の訴追を受けた裁判官を弾劾裁判にかけられる。裁判の結果、罷免判決が宣言されると、その裁判官は**裁判官**の**身分**を失う。

- **対象**…罷免の訴追を受けた裁判官。
- **裁判員**…衆参両議院各7名ずつ、合計14名。
- **特徴**…一審かつ終審のため、判決は宣言と同時に確定する。

6. 国政調査権

国政調査権は**国政全般**について調査できる権限で、必要に応じて**証人**の**出頭**や**証言および記録**の**提出**を要求できる（第62条）。また、国政調査権は衆議院、参議院それぞれが独立して行使される。

- **対象**…国政に関わること全般に及ぶ。ただし、訴訟継続中の裁判や、裁判官個人の資格などは国政調査の対象にできない。
- **証人**…証言が求められた場合は出頭し、宣誓のうえ証言しなければならない。ただし、以下の場合において宣誓や証言、証拠の提出を拒否できる。

    ①証人本人や証人の親族が、証言により刑事訴追や有罪判決を受けるおそれのある場合。

    ②医師、弁護士などが業務上知り得た他人の秘密に関すること。
- **罰則**…虚偽の証言や正当な理由なく出頭を拒否した場合、刑罰が科せられる。
- **付託**…国政調査権は常任委員会、特別委員会に付託できる。

7. 委員会・公聴会

議院に提出された法律案や予算案は、議長により各**委員会**に付託され、その審議を経て**本会議**にかけられる。委員会は公聴会を開き、学識者や関係者の意見を参考にして審議する。

● **委員会**…国家機能の専門化・複雑化や、提出法案数の増加に対処するため設置。委員会には**常任委員会**（内閣、総務、法務、外務、財務金融、経済産業、環境、予算など）と、特別な案件のときにその都度設置される**特別委員会**（政治改革、消費者問題、災害対策など）がある。

● **公聴会**…委員会が審議の参考として広く国民の意見を聞き、国民が法律案について関心を高められるよう開かれる。

一般知識 社会科学

政治

Q CHECK問題 ( )にあてはまる言葉を答えよ。

A 解答

❶ 1選挙区から1人当選する選挙制度を〔　　〕という。
≫ 小選挙区制

❷ 政党に対して投票する選挙制度を〔　　〕という。
≫ 比例代表制

❸ 重複立候補と復活当選が可能なのは〔　　〕議員選挙である。
≫ 衆議院

❹ 参議院の緊急集会は〔　　〕の要請で開かれる。
≫ 内閣

❺ 不逮捕特権とは〔　　〕に国会議員が逮捕されない制度である。
≫ 国会の会期中

21

社会科学 06 政治

国会と内閣

重要 1. 国会と内閣の関係

- **信任**…内閣は国会の信任のもとに成立する。
- **連帯責任**…内閣は国会に対して連帯責任を負う。内閣は衆議院が不信任決議案を可決した場合、10日以内に衆議院を解散するか、総辞職をしなければならない(第69条)。
- **解散**…全議員が議員資格を失うこと。解散すると40日以内に総選挙が行われる。なお、解散は衆議院のみ。

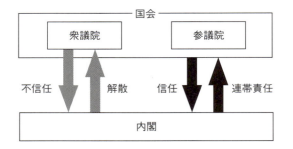

重要 2. 内閣不信任決議

- **内閣不信任決議**…衆議院が内閣に対して不信任を決議すること。参議院は、法的拘束力のある内閣不信任決議はできない。
- **不信任の手続**
  ①内閣不信任決議案が衆議院に提出される。
  ②出席議員の過半数の賛成により内閣不信任決議案が可決される。その場合、内閣は10日以内に衆議院解散もしくは総辞職をしなければならない。

<内閣不信任決議の流れ>

※信任決議案が否決されたときも、同様の流れとなる。

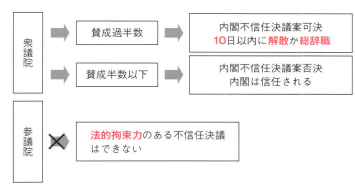

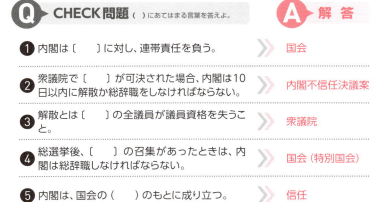

1. 内閣は〔　〕に対し、連帯責任を負う。　≫　国会

2. 衆議院で〔　〕が可決された場合、内閣は10日以内に解散か総辞職をしなければならない。　≫　内閣不信任決議案

3. 解散とは〔　〕の全議員が議員資格を失うこと。　≫　衆議院

4. 総選挙後、〔　〕の召集があったときは、内閣は総辞職しなければならない。　≫　国会（特別国会）

5. 内閣は、国会の（　）のもとに成り立つ。　≫　信任

社会科学 **07** 政治

衆議院の優越

重要 1. 日本国憲法の改正手続

- **硬性憲法**…法律案の手続とは異なり、日本国憲法の改正手続はより厳格になっている。このような憲法を**硬性憲法**という。
- **改正手続**…改正手続は3段階。
  ① 衆議院、参議院それぞれの本会議で、**総議員の3分の2**以上の賛成で国会から発議される。
  ② 国民投票で投票総数の**過半数**の賛成があれば承認される。
  ③ 天皇が**国民**の名で**ただちに**公布する。
- 改正手続において、両院は**対等**。

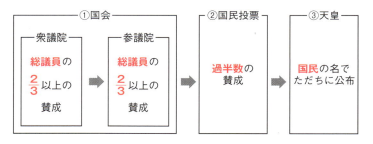

重要 2. 衆議院の優越

- **衆議院の優越**…衆議院・参議院とも出席議員の**過半数**の賛成で可決され、国会の議決となる。しかし、両院が異なった議決をした場合、一定の条件のもとで衆議院の議決が優先され、国会全体の議決となる。優越がある項目は以下の4つ。

①**法律**案（第59条）
- **提出**…衆議院・参議院のどちらに先に提出してもよい。
- **再可決**…衆議院で可決されたが、参議院で否決または**60日**以内に議決しない場合、衆議院において出席議員の**3分の2**以上の賛成で**再可決**すれば法律案が成立する。
- **両院協議会**…開いても開かなくてもよい。

＜法律案が参議院で否決された場合＞
※両院協議会は設置しなくてもよい。

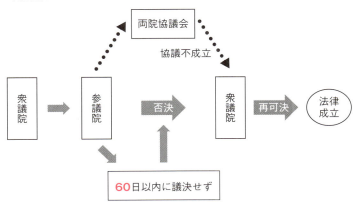

② **予算**案(第60条)
③ **条約**の承認(第61条)
- 提出…予算案は必ず**衆議院**に先に提出する(**予算先議**権)。条約の承認は衆議院・参議院のどちらに先に提出してもよい。
- 衆議院の優越…衆議院で可決し参議院で否決された場合、**両院協議会**が必ず設置される。協議が不成立に終わった場合、**衆議院**の議決が国会の議決となる(衆議院の再可決は不要)。また、**30**日以内に参議院が議決をしない場合には自然成立となり、衆議院の議決が国会の議決となる。

<予算案・条約の承認が参議院で否決された場合>

※予算案は衆議院に先に提出。
※否決された場合、両院協議会は必ず設置。

④ **内閣総理大臣**の指名(第67条)
- 指名…衆議院・参議院のどちらが先に指名をしてもよい。
- 衆議院の優越…参議院が衆議院と異なる人物を指名した場合、**両院協議会**が必ず設置される。協議が不成立に終わった場合、**衆議院**の指名が国会の指名となる。また、参議院が**10**日以内に指名しない場合には自然指名となり、衆議院の議決が国会の議決となる。

<内閣総理大臣の指名が両議院で異なった場合>

※異なる指名の場合、両院協議会は必ず設置。

- **両院協議会**…両議院の議決が一致しない場合に開かれる調整機関。各議院から委員が10人ずつ協議に参加する。**予算の議決**、**条約の承認**、**内閣総理大臣の指名**では必ず開く。法律案の議決の場合は開かなくてもよい。協議が成立した場合は各議院に成案をもち帰り、改めて議決する。

CHECK問題 ( )にあてはまる言葉を答えよ。　　解答

① 日本国憲法は改正手続の厳格さから〔　〕とされる。　　≫ 硬性憲法

② 法律案の衆議院における再可決は、出席議員の〔　〕以上の賛成が必要になる。　　≫ 3分の2

③ 予算案が国会に提出されると、必ず〔　〕で先に審議される。　　≫ 衆議院

④ 内閣総理大臣の指名が衆参両院で異なった場合、〔　〕を必ず開く。　　≫ 両院協議会

⑤ 衆議院を通過した法律案は、参議院で〔　〕日以内に議決されないと否決とみなされる。　　≫ 60

社会科学 08 政治

内閣

重要 1. 内閣総理大臣のおもな権限

① **任免権**…任意に国務大臣を任命・罷免することができる。
② **訴追同意権**…国務大臣が訴追された場合、内閣総理大臣の同意が必要。
③ **議案提出権**…内閣総理大臣は内閣を代表して議案を国会に提出できる。
④ **指揮監督権**…行政各部(各省庁)に対する指揮監督権がある。

重要 2. 内閣のおもな権限

① 天皇の国事行為に対する助言と承認…その責任は内閣が負う。
② 条約締結権…外国と条約を締結できる。
③ 政令制定権…法律の範囲内で政令を定められる。
④ 最高裁判所長官を指名…任命は天皇が行う。
⑤ 最高裁判所長官以外の裁判官・下級裁判所の裁判官の任命。
⑥ 緊急集会の要求…衆議院解散中に参議院の緊急集会を求められる。

> 内閣総理大臣のみがもつ権限と、
> 内閣が全体としてもつ権限の違いに注意しよう。

3. 文民条項

- **文民条項**…内閣総理大臣やその他の国務大臣は全員文民でなければならない。
- **文民**…職業軍人(自衛隊員)でない人のこと。

4. 民間人閣僚

- 民間人閣僚…「内閣総理大臣は、国務大臣を任命する。但し、その過半数は、国会議員の中から選ばれなければならない」（第68条）とあることから、**半数未満**なら民間人も閣僚になれる。

5. 内閣総辞職

- 総辞職…内閣の全閣僚が一斉に辞任すること。

<内閣が総辞職しなければならない場合>
①衆議院で内閣不信任決議案が可決、もしくは信任決議案が否決され、**10日**以内に**衆議院**を**解散**しない場合。
②内閣総理大臣が欠けたとき（死亡や国会議員の地位を喪失するなど）。
③衆議院総選挙後に初めて**国会**（**特別国会**）の**召集**があったとき。

CHECK問題（ ）にあてはまる言葉を答えよ。　　　**解答**

❶ 国務大臣を任命・罷免する権限は〔　〕がもつ。　　　内閣総理大臣

❷ 最高裁判所長官を指名する権限は〔　〕がもつ。　　　内閣

❸ 天皇の国事行為に対する助言と承認は〔　〕が行う。　　　内閣

❹ 国務大臣は、半数未満なら〔　〕でもなることができる。　　　民間人

❺ 衆議院で〔　〕が可決された場合、内閣は10日以内に解散か総辞職をしなければならない。　　　内閣不信任決議案

社会科学 **09** 政治
裁判所

1. 裁判所の種類

すべての司法権は**最高裁判所**および**下級裁判所**に属している。(第76条1項)。

裁判所名	特　色
最高裁判所	終審裁判所
高等裁判所	控訴審・上告審の裁判
地方裁判所	通常の事件の一審
家庭裁判所	家事事件・少年事件の裁判
簡易裁判所	少額軽微な事件の裁判

（高等裁判所～簡易裁判所は**下級裁判所**）

> 弾劾裁判所はどちらにも属さないので注意しよう。

2. 裁判の公開

裁判の**対審**および**判決**は、**公開**の法廷で行うことが原則。恣意的な秘密裁判を否定し、国民の権利を守り裁判の公正を維持することが目的。例外として裁判官の全員一致で、**公の秩序**または**善良の風俗**を害するおそれがあると決した場合には、**対審**は**非公開**で行うことができる。
- **対審**…裁判官の前で行われる事件の審理や、原告と被告との弁論のこと。

重要 3. 違憲立法審査権

- **違憲立法審査権**…裁判所が法律、命令、規則、条例などについて**憲法**に違反しているか審査する権限。違憲立法審査権は**すべての裁判所**がもっている。
- **具体的違憲審査制**…**具体的**な**事件**を解決するのに必要な限度で違憲審査権を行使する制度。

4. 裁判官の罷免

● 裁判官が罷免される場合…①心身の故障　②**公の弾劾**（弾劾裁判）
　③**国民審査**

● 弾劾裁判所…裁判官としての威信を著しく失う非行により、裁判官訴追委員会から罷免の訴追を受けた裁判官を、辞めさせるかどうか判断するため**国会**内に設置される。

● 国民審査…最高裁判所の裁判官が対象。投票者の過半数が罷免を可とする裁判官は罷免される。**衆議院選挙**時に実施。

5. 裁判員制度

● 裁判員制度…裁判官とともに**一般市民**が裁判の審理を行う制度。20歳以上の市民から選ばれる。

● 対象となる事件…**地方**裁判所における殺人事件など重大事件の**刑事**裁判が対象。裁判員**6**人と裁判官**3**人の合議体で審理を行う。有罪・無罪だけでなく**量刑**を含めて**多数決**で決定する。

一般知識　社会科学

政治

Q CHECK問題 （　）にあてはまる言葉を答えよ。　**A 解答**

① 最高裁判所以外の裁判所のことを〔　　〕と呼ぶ。　≫　下級裁判所

② 違憲立法審査権は〔　　〕がもっている。　≫　すべての裁判所

③ 〔　　〕裁判所の裁判官には国民審査で罷免される制度がある。　≫　最高

④ 裁判の〔　　〕および判決は、公開の法廷で行うことが原則。　≫　対審

⑤ 裁判員裁判は〔　　〕で行われる重大犯罪の裁判を対象としている。　≫　地方裁判所

31

社会科学

10 政治
地方自治

重要 ## 1. 地方自治の本旨

- **団体**自治…地方公共団体（地方自治体）が、**国**から独立して住民のために自主的な運営を行うこと。
- **住民**自治…地方公共団体の事務が、**住民**の意思にもとづいて行われていること。

2. 地方公共団体の事務

- **自治**事務…法定受託事務を除いたすべての事務。都市計画の決定、土地改良区の設立許可、飲食店営業の許可など。
- **法定受託**事務…国や都道府県が地方公共団体に委任する事務。戸籍事務、旅券の交付、生活保護の決定と実施、国政選挙など。

3. 地方公共団体の組織

- **議会**…議員は住民の直接選挙によって選ばれる。条例の制定改廃権、予算審議権がある。
- **首長**…首長（市町村長・都道府県知事）は住民の直接選挙によって選ばれる。地方公共団体の執行機関の責任者である。

＜議会と首長の関係＞
- **議会の不信任決議権**…議員の3分の2以上が出席し、4分の3以上が賛成すれば、**首長**の**不信任**決議案を可決できる。
- **首長の解散権**…議会が不信任決議案を可決した場合、**首長は10日**以内に議会を**解散**しなければその職を失う。
- **首長の拒否権**…条例の制定・改廃や予算について議会の議決に異議があるときは、首長は**10日**以内に拒否権を行使し、議会に再議決を要求できる。ただし、議会が出席議員の**3分の2**以上の賛成で再議決すれば成立する。

4. 直接請求権

住民の意思を反映させるため、住民が地方自治に直接参加する権利。

請求の種類	必要署名数	請求先	取り扱い
条例の制定・改廃	有権者の1/50以上の連署	首長（知事・市町村長）	首長が20日以内に議会にかけ結果を公表
首長・議員の解職	有権者の1/3以上の連署	選挙管理委員会	住民投票にかけ、過半数の賛成があれば解職
その他の役員の解職	有権者の1/3以上の連署	首長	議会において2/3以上の議員が出席し、そのうち3/4以上の賛成で失職
議会の解散	有権者の1/3以上の連署	選挙管理委員会	住民投票にかけ、過半数の賛成があれば解散
監査	有権者の1/50以上の連署	監査委員	監査し、結果を公表

※その他の役員…副知事、副市町村長、会計管理者など。

一般知識 社会科学

政治

❶ 地方自治体が国から独立して自主的な運営を行うことを〔　〕と呼ぶ。 ≫ 団体自治

❷ 地方自治体が住民意思にもとづき運営することを〔　〕という。 ≫ 住民自治

❸ 地方公共団体の事務は自治事務と〔　〕に分けられる。 ≫ 法定受託事務

❹ 議会は首長に対して〔　〕をもつ。 ≫ 不信任決議権

❺ 首長の解職請求には有権者の〔　〕以上の署名が必要となる。 ≫ 3分の1

33

社会科学 01 経済

市場メカニズム

重要 1. 需要と供給

- **需要**…商品・サービスを欲することと。
  価格が高いと需要量は**少ない**
  価格が低いと需要量は**多い**
  ➡ 需要曲線は**右下がり**

- **供給**…商品・サービスを生産し売ること。
  価格が高いと生産量は**多い**
  価格が低いと生産量は**少ない**
  ➡ 供給曲線は**右上がり**

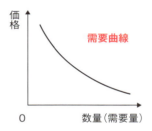

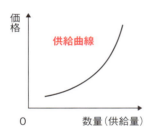

需要曲線と供給曲線の形状と価格決定のしくみを理解しよう。

2. 市場メカニズム

- **市場均衡**…需要と供給が一致する水準で価格（市場価格）と取引数量が決定。
  超過供給…需要 ＜ 供給
  　　　　➡ 価格は**下落**する
  超過需要…需要 ＞ 供給
  　　　　➡ 価格は**上昇**する

- **市場メカニズム**…
  価格の変動を通じて、最適な資源配分（モノの過不足がないこと）が達成されることを「**市場メカニズムが働く**」という。

3. 曲線のシフト

- **曲線のシフト**…需要曲線と供給曲線は以下の原因により、左右に移動する。

右シフトの要因 ※( )内は左シフトの要因	需要曲線	供給曲線
	所得の増加（下落）	生産要素価格の下落（上昇）
	消費意欲の増大（減少）	生産性の上昇（下落）

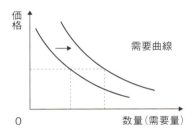

「右シフト」は価格が同じなのに
需要（供給）が増えることを意味するよ。

<均衡点の移動>
- 需要曲線のみ右シフトすると、均衡点はAからBへ。
- 供給曲線のみ右シフトすると、均衡点はAからCへ。
- 両曲線が右シフトすると、均衡点はAからDへ。

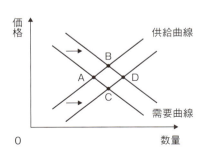

35

4. 市場の形態

- **完全競争市場**…**多数**の生産者と**多数**の消費者が存在する市場。価格は市場で決まり、価格は与えられたものとして動く（**プライステイカー**）。最適な資源配分が可能。
- **独占市場**…生産者が**1社**の市場。売り手は自由に価格を決定できる。

※実際には政府が規制をする。

- **寡占市場**…生産者が**数社**ある市場。商品に差別化（ブランド）があり（非価格競争）、価格は少数の生産者によって決定。

寡占市場の特徴	内 容
①非価格競争	商品の差別化が存在し、各企業間で広告・品質など非価格競争が激しくなる
②プライスリーダーと管理価格	市場支配力をもつ有力企業がプライスリーダーとなり、一定の利潤が確保できるように価格（管理価格）を決定
③価格の下方硬直性	生産性が向上しても価格は下がりにくい

寡占市場の特徴は頻出項目なので覚えよう。

5. 市場の失敗

市場メカニズムが働くと、欲しい分だけが生産されるので最適な資源配分が可能。しかし、この市場メカニズムが阻害されることを**市場の失敗**という。完全競争市場ではないケースで起こる。

- **外部効果**…市場を経由しないで、ほかから良い影響（**外部経済**）や悪い影響（**外部不経済**）を受けること。市場を経由しないため、適正な価格が決定されない。
- **公共財**…政府などが供給する財・サービスのこと。道路や公園などの社会資本、警察や消防など。**非競合**性と**非排除**性の2つの性質をもつ。政府のサービスは市場を経由しないため、価格が成立しない。

※非競合性…不特定多数の人が同時に利用できること。

※非排除性…料金を支払わない人を排除できないこと。

36

- 費用逓減産業…生産規模を大きくしたほうが、平均費用が少なくなる産業。電力、水道、鉄道など。独占になりやすいため、市場メカニズムが働かない。

6. 企業の集中形態

- カルテル（企業連合）…同一産業に属する企業が、独立を保ったまま、競争を避けて利潤を確保するために、生産、価格、販路などについて協定を結ぶこと。現在は全面的に禁止されている。
- トラスト（企業合同）…競争関係にある同一産業に属する企業が、資本の大規模化による企業の合理化と市場の独占を目的に、合併して新たな企業となること。
- コンツェルン（企業連携）…異なる産業部門の企業を、親会社が株式取得や融資関係を通じて支配すること。独占の最高形態。

CHECK問題 （ ）にあてはまる言葉を答えよ。　　**解 答**

① 価格の変動を通じて超過需要・超過供給が解消されることを〔　　〕という。　→　市場メカニズム

② 寡占市場によく見られる特徴として、商品の差別化や〔　　〕が挙げられる。　→　プライスリーダー

③ 同一産業の企業Aと企業Bが合併して企業Cをつくることを〔　　〕と呼ぶ。　→　トラスト

④ 超過需要が存在するとき、価格は〔　　〕する。　→　上昇

⑤ 公共財には「〔　　〕」と「非排除性」の2つの性質がある。　→　非競合性

社会科学 02 経済
国民所得

重要 1. 国民所得の諸概念

<諸概念の比較図>

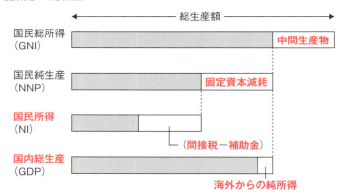

- ●国民所得（広義）…一国の経済活動で1年間に生み出された価値（付加価値）の合計。
- ①**国民総所得（GNI）= 総生産額 − 中間生産物**
  「中間生産物」…企業が購入する原材料部分。
  「最終生産物」…家計（消費者）が消費する生産物。
- ②**国民純生産（NNP）= 国民総所得（GNI）− 固定資本減耗**
  「固定資本減耗」…工場や機械の減価償却分（価値減少分）。
  価値が減少した分を除いて純価値を表す。
- ※「総」と「純」の差は「固定資本減耗」を含むか否か。
- ③**（狭義の）国民所得（NI）= 国民純生産（NNP）− 間接税 + 補助金**
  市場価格（売る金額）ではなく、要素価格（つくる金額）で評価するのがNI。
- ④**国内総生産（GDP）= 国民総所得（GNI）− 海外からの純所得**
  日本国内で生み出した価値と、海外との経済規模を比較するときの

指標。「国内」であれば外国人・外国企業が生産したものも含む。逆に、日本人・日本企業であっても海外で生産したものは含まない。

※海外からの純所得 ＝ 日本人・日本企業が海外で生産した価値 － 外国人・外国企業が日本で生産した価値

※GNI － 海外からの純所得 ＝ GDP

①〜④の違いが出題されるよ！

2. 三面等価の原則

国民所得は、生産面から捉えても、分配面から捉えても、支出面から捉えても、最終的に等しい。

3. 国民所得に含まれないもの

● **市場で取引されないもの**…主婦の**家事労働**、ボランティア、社会保障（年金や生活保護など）、相続、資本利得（土地や株の値上がり益）など。

※例外として、「農家の自家消費」「持ち家の家賃」は市場で取引されないが、国民所得に算入される。

CHECK問題 （ ）にあてはまる言葉を答えよ。 / 解 答

❶ 国民純生産から間接税を差し引き、補助金を加えると狭義の〔　〕になる。 》 国民所得

❷ 国民所得の「生産」「分配」「〔　〕」の金額が等しくなることを、三面等価の原則という。 》 支出

❸ GDPやGNIは〔　〕で交換される財・サービスの付加価値の総額である。 》 市場

❹ 海外で生産したものは〔　〕総生産には含まれない。 》 国内

❺ 国民純生産は、国民総所得から〔　〕を除いたものである。 》 固定資本減耗

社会科学 03 経済
景気循環と経済成長

1. 景気変動の4つの局面

①**好況**　②**後退**　③**不況**　④**回復**の4つの局面を繰り返す。

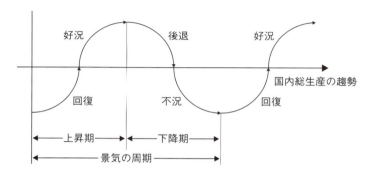

社会全体の需要と供給の不均衡が調整されるプロセス。
- **回復期→好況期**…有効需要の増大→生産の拡大→雇用・所得の増大→失業率の減少、物価の上昇。
- **後退期→不況期**…有効需要の減少→生産の縮小→雇用・所得の減少→失業率の増加、物価の下落。

2. 景気変動の波

名称	循環	原因	周期
キチンの波	短期	**在庫投資**の変動	平均40か月
ジュグラーの波（主循環）	中期	**設備投資**の変動	平均9～10年
クズネッツの波	長期	**建設投資**の変動	平均18～20年
コンドラチェフの波		技術革新、戦争など	平均50～60年

景気変動の波は名称・原因・周期を覚えよう。

40

3. 経済成長

国内総生産が年々増加すること。経済規模の拡大を意味する。

$$経済成長率 = \frac{今年のGDP - 前年のGDP}{前年のGDP} \times 100$$

4. 名目GDPと実質GDP

● 名目GDP…物価変動分を考慮しないGDPの数値。

● 実質GDP…物価変動分を考慮したGDPの数値。

$$実質GDP = \frac{名目GDP}{GDPデフレーター} \times 100$$

● GDPデフレーター…名目GDPを実質GDPに換算する際に用いられる物価指数。前年の物価を100とした場合の今年の物価。

<計算例>

	GDP（名目）	物価の百分率
昨 年	400兆円	100
今 年	550兆円	125（GDPデフレーター）

名目経済成長率 ＝（550 － 400）÷ 400 × 100 ＝ 37.5（％）
今年の実質GDP ＝ 550 ÷ 125 × 100 ＝ 440（兆円）
実質経済成長率 ＝（440 － 400）÷ 400 × 100 ＝ 10（％）

CHECK問題 （ ）にあてはまる言葉を答えよ。　解答

❶ 物価は景気回復期から好況期にかけて〔　〕する。　≫　上昇

❷ 雇用者数は、景気後退期から不況期にかけて〔　〕する。　≫　減少

❸ ジュグラーの波は主循環ともいわれ、原因は〔　〕の変動である。　≫　設備投資

❹ 名目GDPを実質GDPに換算する際に用いられる物価指数を〔　〕という。　≫　GDPデフレーター

❺ キチンの波は平均40か月の景気循環で、〔　〕の変動が原因で起きる。　≫　在庫投資

社会科学 **04** 経済

通貨と金融

1. 通貨（貨幣）の役割

- **価値尺度**…商品の価値を測定する機能。
- **交換手段**…商品交換の仲立ちを行う機能。
- **価値貯蔵**手段…富（価値）を蓄えておく機能。
- **支払い手段**…債務の決済など支払いの機能。

2. 通貨の種類

- **現金通貨**…日本銀行法で発行が認められている日本銀行券（正貨と交換できない不換紙幣）と、政府が発行する補助貨幣（硬貨）がある。
※正貨…金貨、銀貨など。
- **預金通貨**…小切手の振出で支払い手段として用いられる当座預金や普通預金をいう（預金通貨は通貨全体の約8割）。
- **通貨供給量**（マネーストック）…民間部門（国・金融機関以外の企業や個人など）が保有する通貨総量。通貨供給量が**物価・景気**を左右する。

3. 金融

- **金融**…お金（資本）の融通のこと。金融を業務とするのが金融機関で、中央銀行（日本銀行）、民間金融機関、政府系金融機関に大別される。
- **金融市場**…遊休資金の供給源（貸手）と、その需要者（借手）の出会う場が金融市場。銀行や証券会社などの金融機関が中心で、資金の貸借や証券の売買を行う。
- **利子**…お金を一定期間融通したことに対して支払われる対価。貸し付け資金に対する利子の割合を**利子率**という。
- **直接**金融…企業が株式や社債などを発行し、直接家計から借り入れること。
- **間接**金融…金融機関を間に挟んで間接的に借り入れること。
- **自己**資本…株式や内部留保など返済義務のない資金。

42

- **他人**資本…金融機関からの借り入れや社債など返済義務のある資金。
※自己資本比率（自己資本 ÷ 総資本）…会社の経営状況をみる指標。

定義の違いをしっかり覚えておこう！

- **信用創造**…銀行が貸し付け操作によって、最初に受け入れた預金の何倍もの預金通貨をつくり出すこと。

<支払準備率10％で100万円預金した場合の信用創造>
※支払準備率…預金総額のうち、銀行が保有していなければならない割合。

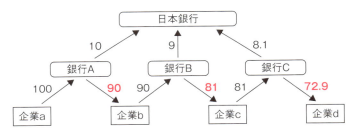

※銀行は受け入れた預金通貨を貸し付けにまわすことで、100万円の本源的預金に対し、銀行Cまでで100＋90＋81＝271万円と100万円を上まわる預金通貨が創造されていることになる。171万円（271－100）が金融のしくみによって創造されている。

CHECK問題 （ ）にあてはまる言葉を答えよ。 解 答

❶ 通貨には、価値尺度、交換手段、〔　〕、支払い手段の4つの役割がある。 》 価値貯蔵手段

❷ 企業が調達した資金で、返済義務のある資本を〔　〕資本という。 》 他人

❸ 銀行が貸し付け操作で、最初の預金の何倍もの預金通貨をつくり出すことを〔　〕という。 》 信用創造

❹ 企業が株式や社債などを発行し家計から借り入れることを〔　〕金融という。 》 直接

❺ 貸し付け資金に対する利子の割合を〔　〕という。 》 利子率

社会科学 05 経済
日本銀行

1. 日本銀行

日本銀行は**中央銀行**として国の中枢にあり、金融政策の施行や日本銀行券を発行している。業務の基本方針や金融政策は日本銀行政策委員会が決定する。

- **中央銀行**…一国の金融や通貨政策を司(つかさど)る金融中枢機構。
- ※各国の中央銀行…日本→日本銀行、アメリカ→FRB、EU→ECB。
- **市中銀行**…民間の銀行。

2. 日本銀行の役割

- **発券**銀行…日本銀行券を独占的に発行する。
- **政府**の銀行…政府が徴収する租税・印紙収入・公債金などの国庫金を出納、保管する政府に対して貸し付けを行う。
- **銀行**の銀行…市中銀行からの預金の受け入れや、市中銀行に対して、国債や地方債を担保にした貸し付けや手形の再割引などを行う。
- 通貨供給量を操作することにより、景気を操作する。

重要 ## 3. 三大金融政策

- **金利政策**…金利（日本銀行が市中銀行に融資するときの利子率）を上下させることによって、金融機関への貸し出しを調節する。
- **公開市場操作**…有価証券（国債、手形など）を金融市場で売買することによって、通貨の発行を調節する。
- **支払準備率（預金準備率）操作**…支払準備率を上下させることによって、市中に出まわる資金の量を調節する。

> 景気にあわせた政策手段を理解しよう。

一般知識 社会科学 経済

三大金融政策	不況時の景気刺激策 （通貨供給量を増加）	好況時の景気過熱抑制策 （通貨供給量を減少）
金利政策	金利の引き下げ →企業への貸し出し金利を引き下げ →企業への貸し出し増加	金利の引き上げ →企業への貸し出し金利を引き上げ →企業への貸し出し減少
公開市場操作	買いオペレーション →市中銀行から公債・社債の買い上げ →金融市場への資金供給	売りオペレーション →市中銀行へ公債・社債の売却 →金融市場からの資金回収
支払（預金） 準備率操作	支払準備率の引き下げ →市中銀行の貸し出し能力の増加 →市中銀行の貸し付け額の増加	支払準備率の引き上げ →市中銀行の貸し出し能力の低下 →市中銀行の貸し付け額の減少

CHECK問題 （　）にあてはまる言葉を答えよ。　解答

❶ 日本銀行が国債や手形などの有価証券の売買で通貨供給量を調整することを〔　〕という。　　公開市場操作

❷ 支払準備率を下げると通貨供給量は〔　〕する。　　増加

❸ 日本銀行の三大業務は、「発券銀行」「銀行の銀行」「〔　〕」である。　　政府の銀行

❹ 不況時には量的緩和政策として公開市場操作を行い、〔　〕オペレーションが実施される。　　買い

❺ 金融政策を実施する機関は〔　〕である。　　日本銀行（日本の場合）

社会科学 06 経済
財政の機能

1. 予算の種類

- **一般会計**予算…国の一般の歳入歳出を経理する会計。
- **特別会計**予算…国が特定の事業を営む場合、特定の歳入をもって特定の歳出に充てる予算。
- **政府関係機関**予算…特別の法律によって設立された法人で、その資本金が全額政府出資であり、予算について国会の議決を必要とする機関の予算。
- **財政投融資**…政府の信用力を背景に金融市場から調達した資金などを財源として、民間では困難な社会資本整備や中小企業への資金供給などを行う。国会の議決を要することから**第二の予算**といわれる。

2. 財政の役割

- **財政**…国や地方公共団体が歳入（収入）を得て、それを歳出（支出）する経済活動。
- **資源配分**機能…公共財（道路、教育、国防など）の供給。市場を通じてでは供給が過少になりがちな公共財を必要量供給し、効率的な経済の実現をはかる。
- **所得再分配**機能…累進課税によって高所得階層に高い租税を課し、そこから徴収した租税を低所得階層の生活保護費や社会保障費などに支出して、所得分配の不平等を是正する。
- **景気調整（経済安定化）機能**…好況や不況などの景気変動に対して、政府が市場介入して景気調整を行うことにより、経済を安定的に保つ。
- **フィスカルポリシー**…景気の動向に対応した財政収支の伸縮によって、景気の変動を調整すること。

- **ビルトインスタビライザー**…財政制度に備わっている、景気変動を自動的に調整する機能。**累進課税**制度、**社会保険**（**失業保険**）制度が代表例。
※累進課税…所得が増えるほど、より高い税率を課する課税方式のこと。
- **ポリシーミックス**…景気や物価などさまざまな経済目標を達成するため、**財政政策**や**金融政策**を組合せて実施すること。

	種類	政策	効果	景気・物価
不況対策	財政政策	減税 公共事業の増大	消費や投資など総需要の拡大	好況・ インフレにむかう
不況対策	金融政策	金利引き下げ、買いオペ 支払準備率引き下げ	通貨供給量の増加	好況・ インフレにむかう
景気過熱対策	財政政策	増税 公共事業の縮小	消費や投資など総需要の縮小	不況・ デフレにむかう
景気過熱対策	金融政策	金利引き上げ、売りオペ 支払準備率引き上げ	通貨供給量の減少	不況・ デフレにむかう

一般知識 社会科学

経済

景気にあわせた財政政策を理解しよう。

CHECK問題 （ ）にあてはまる言葉を答えよ。

解答

① 予算には一般会計予算のほか、政府出資機関の運営を扱う〔　〕がある。
≫ 政府関係機関予算

② 経済を安定させるため、意図的に行う財政政策を〔　〕という。
≫ フィスカルポリシー

③ 累進課税などによって、自動的に景気が調整される財政のしくみを〔　〕という。
≫ ビルトインスタビライザー

④ 不況対策の政策としては、公共事業の増大のほか、〔　〕税が有効である。
≫ 減

⑤ さまざまな経済目標を達成するため、政策を組合せることを〔　〕という。
≫ ポリシーミックス

47

社会科学 **07** 経 済

租 税

重要 ## 1. 租税の種類

租税の例	直接税	間接税
国 税	**所得**税、**法人**税、**相続**税、贈与税	**消費**税、**印紙**税、**酒**税、たばこ税、関税
地方税	住民税、固定資産税、事業税、自動車税、不動産取得税	地方消費税、地方たばこ税、入湯税、ゴルフ場利用税

- ●**国税**…国が徴収する租税。
- ●**地方税**…地方公共団体が徴収する租税。
- ●**直接税**…納税者と担税者が**同一の**租税。
- ●**間接税**…納税者と担税者が**異なる**租税。
- ※納税者…税を納める者、担税者…税を負担する者。
- ●**目的税**…**使途**が決められている租税。
- ●**普通税**…一般歳出に充てられる租税。

2. 税負担の公平性

- ●**垂直的**公平…租税負担能力の高い者はより高い負担をするべきという考え方。
- ●**水平的**公平…同じ租税負担能力の者は同じ負担をするべきという考え方。

	長 所	短 所
直接税	**累進**課税により高所得者が高負担（**垂直的**公平）	職種により所得捕捉率が異なる（水平的不公平）
間接税	同じ金額に同額の税負担（**水平的**公平）	低所得者ほど税負担が大きく**逆進**課税となる（垂直的不公平）

- ●**累進**課税…所得の**高い**者ほど税負担率が高くなる税。
- ●**逆進**課税…所得の**低い**者ほど税負担率が高くなる税。

3. 国債

国が借金をするために発行する債券。

- **赤字**国債…一般会計の歳入不足に充てる。財政法で発行が禁止されているため、特例法をつくって発行可能にしている。赤字国債は特例国債とも呼ばれる。
- **建設**国債…公共施設建設に充てる。
- **国債依存度**…**一般会計**に占める国債発行額の割合。
- **公債**…国の発行する国債 ＋ 地方公共団体の発行する地方債。

4. プライマリーバランス（基礎的財政収支）

国債発行による収入を除いた歳入総額から、国債費（償還のための支出）を除いた歳出総額を引いたもの。

5. 直間比率

租税に占める直接税と間接税の比率。日本は**直接**税のほうが大きい。

一般知識 社会科学

経済

Q CHECK問題 （ ）にあてはまる言葉を答えよ。 / A 解答

❶	国債のうち、財政法で禁止されている国債は〔　〕国債である。	赤字
❷	租税負担能力が同じ者は同じ租税額を負担するべきという考え方を〔　〕的公平という。	水平
❸	間接税は所得が低い者ほど税負担割合が大きくなるので〔　〕課税の性質をもつ。	逆進
❹	印紙税、ゴルフ場利用税は〔　〕税に分類される。	間接
❺	国債金収入以外の歳入と国債費を除く歳出との収支を〔　〕という。	プライマリーバランス

49

社会科学

08 経済
自由貿易・国際収支

1. 自由貿易と保護貿易

- **自由**貿易…貿易に制限を加えず自由に商品の輸出入を行うこと。
- **国際分業の利益**…各国が自国に有利な商品を輸出し、それぞれの国が利益を得られること。国際分業の利益は、各国が門戸を開放して自由貿易を行うことが前提。
- **保護**貿易…自国産業を保護・育成するため、輸入品に高い関税をかけること。

2. リカードの比較生産費説

イギリスの経済学者リカードが著書『経済学および課税の原理』で展開したもの。「各国とも、**比較生産費**が安くつく製品を他国に輸出することが互いに有利である」という考えで、自由貿易主義を理論的に裏づけた。

<リカードの比較生産費説の例>

A国とB国が、ブドウ酒と毛織物をそれぞれ生産するのに要した労働の時間は「特化前」の表のとおり。自国内で生産費の低い商品に生産を特化すると「特化後」のように両国合計の生産量が増加する。この増えた分が、生産を特化した貿易の利益となる。

特化前

	ブドウ酒	毛織物
A 国	80時間	90時間
B 国	120時間	100時間
生産量	2単位	2単位

特化後

	ブドウ酒	毛織物
A 国	170時間	つくらない
B 国	つくらない	220時間
生産量	2.125単位	2.2単位

3. 国際収支

一国における1年間の対外的な受け取りと支払いの金額の総体。

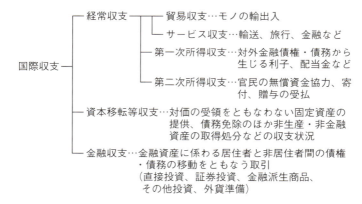

- **直接**投資…海外における事業活動を目的として、企業が株式取得や工場建設を行うこと。
- **間接**投資…元本の値上がり益や利子・配当収入の取得を目的とする海外での資産運用。**証券**投資とも呼ばれる。

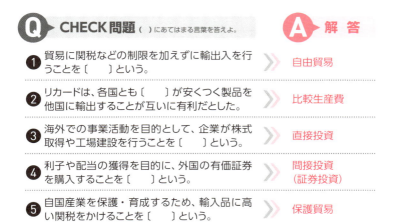

① 貿易に関税などの制限を加えずに輸出入を行うことを〔　〕という。 ≫ 自由貿易

② リカードは、各国とも〔　〕が安くつく製品を他国に輸出することが互いに有利だとした。 ≫ 比較生産費

③ 海外での事業活動を目的として、企業が株式取得や工場建設を行うことを〔　〕という。 ≫ 直接投資

④ 利子や配当の獲得を目的に、外国の有価証券を購入することを〔　〕という。 ≫ 間接投資（証券投資）

⑤ 自国産業を保護・育成するため、輸入品に高い関税をかけることを〔　〕という。 ≫ 保護貿易

社会科学

09 経済
通貨制度と為替レート

1. 通貨制度

- **金本位制度**…一国で発行される通貨量の基準が**金**の保有量におかれている制度。
- **管理通貨**制度…金融政策目標の実現を、通貨管理当局の**自由**な**裁量**によって調節する制度。一国の通貨量は金の保有量に依存しない。

2. 国際通貨体制

- **為替レート**…国際間の決済における通貨交換比率。
- **固定**為替相場制…為替相場の変動を一定範囲内に限定し、安定化させるしくみ。1945 ～71年のIMF体制下における為替相場制。
- **変動**為替相場制…為替レートが外貨の自由な売買によって決まるしくみをいう。現在、主要国はほとんど変動為替相場制。

重要 3. 円高と円安

- **円高**…円の需要（円を必要とする人）が増えて円の価値が上がること。
- **円安**…円の供給（円を手放す人）が増えて円の価値が下がること。

1ドル80円	1ドル100円	1ドル120円
円　高　◀	ここを基準に考えて　▶	円　安

重要 4. 円高・円安の影響

種　類	輸出企業	輸入企業
円　高	不　利	有　利
円　安	有　利	不　利

※「円高・ドル安」「円安・ドル高」のように、為替レートは相対的なもの。

- **為替介入**…為替相場を一定方向に誘導するため、外国為替市場で通貨の売買を意図的に行うこと。円高解消のためには「**円売り・ドル買い**」をする。

52

5. 円高と国際収支

変動為替相場制のもとでは、国際収支の不均衡は**為替レート**の変動により調整される。
- 輸出増加→国際収支黒字→決済で円の需要増加→円高→輸出減少。
- 輸出減少→国際収支赤字→決済で円の需要減少→円安→輸出増加。

> 日本に外国人旅行者が増えるのは円安のとき。
> 日本人の海外旅行が増えるのは円高のときだよ。

6. 円高・円安の原因

円高（ドル安）の原因	円安（ドル高）の原因
日本がアメリカより高金利	日本がアメリカより低金利
日本でのデフレ（物価下落）	日本でのインフレ（物価上昇）

※お金は金利の高いほうに動く。日本の金利がアメリカより高いとき、ドルを円に換えて日本で預金しようとするため円の需要が増加し、円高となる。

CHECK問題　( )にあてはまる言葉を答えよ。

❶ 1ドル100円が120円になることを〔　〕という。 》 円安

❷ 円高になると日本の輸出企業にとって〔　〕に作用する。 》 不利

❸ 管理通貨制度とは、〔　〕の保有量に関係なく、通貨量を調整できる制度。 》 金

❹ 〔　〕を解消するため、「円売り・ドル買い」の為替介入を行う。 》 円高

❺ 日本国内に外国人旅行者が増えるのは〔　〕のとき。 》 円安

社会科学

10 経済
国際通貨体制

1. 固定相場制

各国政府間で、為替レートを固定・維持する制度。1929年の世界恐慌によって**金本位制**が崩壊し、それに代わる通貨制度がドルを基軸通貨とする固定為替相場制。ブレトン=ウッズ協定で決定。

- **IMF**（**国際通貨基金**）…通貨の安定を目指し、アメリカ主導のもとで設立。金・ドル本位制を採用。
- **金・ドル本位制**…ドルだけが金との交換を保障され、ドルを基軸通貨として各国の通貨を固定相場でつなぐしくみ。当初日本円は1ドル＝360円。
- **ブレトン=ウッズ体制**…1945年設立されたIBRD（国際復興開発銀行）とIMFが支える国際通貨体制。金・ドル本位制が前提。

2. 変動為替相場制

外国為替市場の需要と供給の関係で、為替レートを自由に決める制度。

- **ニクソン（ドル）ショック**…1971年、アメリカ（ニクソン大統領）が金とドルの交換停止を発表したこと。アメリカ経済の悪化からドルの信用が下落し、アメリカから金が流出したため交換を停止した。金・ドル本位制を前提とする**ブレトン=ウッズ体制**（**固定為替相場制**）は崩壊。変動為替相場制へ移行しはじめる。
- **スミソニアン**協定…アメリカの輸出を伸ばすため、為替レートをドル安に調整し（日本円は1ドル＝308円）、固定相場制に復帰した協定。しかし、アメリカの国際収支の悪化は止まらず、各国が変動為替相場制に移行。

3. 国際貿易体制と貿易協定

- **多角的貿易交渉(ラウンド)**…貿易上のルールを決める多国間の通商交渉。
- **ウルグアイラウンド**…知的所有権の保護強化、サービス貿易の自由化、農産物の例外なき関税化の交渉が開始されたラウンド。成果としてGATT(関税及び貿易に関する一般協定)を発展的に改組し、WTOが設立された。
- **WTO(世界貿易機関)**…1995年に設立された世界貿易の推進と問題処理のための国際機関。モノだけでなく、サービスや知的財産権の保護も自由化交渉の対象。
- **FTA(自由貿易協定)**…2か国以上の国・地域が自由貿易を目指す協定。
- **EPA(経済連携協定)**…FTAに加えて、人の移動や投資ルール整備、知的財産権の保護など、幅広い経済活動の共通ルールを決める協定。
- **日米貿易協定**…日本とアメリカとの二国間で結ばれたFTA。日本側は牛肉など農産物について、関税を削減・撤廃し、アメリカ側は幅広い工業製品の関税について、削減・撤廃する(削減・撤廃の程度は、対象の品目ごとに異なる)。
- **RCEP(地域的な包括的経済連携)**…日本、中国、韓国など東アジアを中心とした15か国が参加した経済連携協定。

一般知識 社会科学

経済

CHECK問題 ( )にあてはまる言葉を答えよ。 / 解答

① 為替レートを一定の幅に固定する国際通貨制度を〔　〕という。
» 固定為替相場制

② 戦後続いたブレトン=ウッズ体制は〔　〕により崩壊した。
» ニクソン(ドル)ショック

③ GATTを発展的に改組し、設立された国際機関を〔　〕という。
» 世界貿易機関(WTO)

④ 〔　〕は、FTAに加えて幅広い分野の経済活動の共通ルールを決める協定。
» EPA

⑤ 1929年の世界恐慌によって〔　〕本位制が崩壊した。
» 金

社会科学 **11** 経 済

日本経済史

1. 戦後復興期

戦前の弊害除去（経済の民主化）と国土の再建（経済復興）が課題。

- ●経済の民主化…①財閥解体　②農地改革　③労働改革
- ●経済復興…①アメリカの援助　②傾斜生産方式の採用
- ●**傾斜生産方式**…石炭・鉄鋼などの**基幹産業**を中心に資金や資材を割り当て、それらの部門の生産復興を起動力にほかの関連産業の生産拡大を目指すこと。
- ●**ドッジライン**（**1949年**）…インフレ対策と日本経済の自立を目指した政策。日本銀行が復興金融金庫の債券を引き受けたことで激しいインフレが発生。ＧＨＱは**経済安定9原則**を発表し、ドッジラインを実施した。
- ●**シャウプ勧告**…1949～50年にかけて行った税制に関する勧告。これにより、日本の税制は所得税を根幹とした**直接**税中心主義となった。

2. 高度経済成長期

- ●第一次高度経済成長（**1955～64年**）…活発な設備投資と国の産業保護政策が要因。神武景気（1955～57年）→岩戸景気（1958～61年）→オリンピック景気（1963～64年）。
- ●第二次高度経済成長（**1965～73年**）…日本経済の国際化によりGNP世界第2位の経済大国に成長。いざなぎ景気（1965～70年）。

重要 ## 3. 高度経済成長の終焉（1971～73年）

- ●**ニクソンショック**（**1971年**）…アメリカが金とドルの交換停止を発表。
- ●**石油ショック**（**1973年**）…石油不足により激しいインフレが発生。対策として**総需要抑制**政策を実施したため戦後初のマイナス成長（1974年）となった。企業も設備投資を控えて不況が長期化し、**スタグフレーション**（**不況下の物価高**）に陥った。

4. バブル経済～コロナショック

- **プラザ**合意（1985年）…ドル高を背景とした、日本と欧米の貿易不均衡問題に対処するため、ドル安誘導の協調介入実施の合意。
- 円高不況…プラザ合意から急激に**円高**が進行し、日本の輸出は深刻な影響を受けた（円高不況）。内需主導型経済への転換が行われた。
- **バブル景気**（1986年12月～91年2月の51か月）…円高に支えられた資金力が、株・債券・土地の資産価格の高騰を生み出した。
- 平成不況…1991年5月に始まった景気の後退局面。2002年までの経済低迷期間を「失われた10年」と呼ぶ。
- **リーマンショック**（2008年）…アメリカの特殊な住宅ローン（サブプライムローン）がきっかけで、アメリカ大手証券会社リーマンブラザーズが経営破綻し、世界金融危機が発生。日本は超円高にむかう。
- **アベノミクス**…デフレ脱却を目指した総合政策（2012年～2020年）。日本銀行による異次元の**金融緩和**、公共事業などの機動的な**財政政策**、民間企業の活力を引き出す**成長戦略**の「3本の矢」からなる。
- **コロナショック**（2020年～）…新型コロナウイルスの世界的な感染拡大により、経済が急速に悪化。リーマンショック以上の落ち込みとなった。

CHECK問題 （ ）にあてはまる言葉を答えよ。　解答

① 1985年、ドル安を進めるため、為替レートの協調介入を決めたことを〔　〕合意と呼ぶ。　≫　プラザ

② アベノミクスの3本の矢とは、金融緩和、財政政策、〔　〕。　≫　成長戦略

③ 世界金融危機のきっかけとなったアメリカ大手証券会社の破綻を〔　〕という。　≫　リーマンショック

④ プラザ合意により、日本は急激な〔　〕が進行した。　≫　円高

⑤ シャウプ勧告により、戦後の日本の税制は〔　〕税中心主義となった。　≫　直接

| 社会科学 | **12** | 経済 |

経済学説

1. 重商主義・重農主義(16〜18世紀前半)

- **重商**主義…国内経済の育成につながる商業を発展させ、富の蓄積のために金銀の獲得や貿易を重視する考え方。代表者:トマス=マン(英)、コルベール(仏)。
- **重農**主義…「国富を生み出す唯一の源泉は**農業**」として、農業生産性の向上を重視する考え方。重商主義を批判。代表者:**ケネー**(主著『経済表』)。

2. 古典派経済学(18世紀後半〜19世紀前半)

自由主義経済のもと、国内的には自由放任、国際的には自由貿易を行おうとする考え方。経済活動の水準を決定するのは供給と考える(**セーの法則**)。代表者:**アダム=スミス**(主著『国富論』)、リカード(主著『経済学および課税の原理』)。

- **神の見えざる手**…アダム=スミスが提唱。利己心による自由競争が、「生産と消費」を過不足のない状態へと自動的に導くこと。価格メカニズムを表す。
- **比較生産費**説…各国が「国際分業」を行い、**自由**貿易を行うことが、全体の利益をもたらすこと。**リカード**が主張。
- 経済発展段階説…**リスト**(主著『経済学の国民的体系』)。国家の経済の発展には段階があり、競争力を十分にもたない産業は保護するべきと**保護**貿易を主張。
- **人口**論…**マルサス**(主著『**人口**論』)。「人口は幾何級数的に増加するが、食糧は算術級数的にしか増加しない」と主張し、人口抑制の必要を説いた。

3. 社会主義思想

- **マルクス**…主著『資本論』。資本主義経済の問題点・矛盾点を指摘し、生産手段を社会的に所有するという計画経済にもとづいた社会主義体制を提唱。
- **レーニン**…主著『帝国主義論』。独占資本主義を分析し、帝国主義を資本主義の最高の発展段階と位置づけた。

4. 近代経済学

- **限界効用学派**…価値の源泉を財・サービスから得られる満足度(効用)に求めた。需要に注目した点に意義がある。ワルラス(主著『純粋経済学要論』)。
- **ケインズ学派**…自由放任政策ではなく政府の市場介入による矛盾解決を主張。ケインズ(主著『雇用・利子および貨幣の一般理論』)。
- **有効需要の原理**…経済活動の水準(国民所得や雇用の水準)を決めるものは、**有効需要**の大きさによるという理論。ケインズが提唱。

古典派は「供給重視」、ケインズは「需要重視」だよ。

CHECK問題 ( )にあてはまる言葉を答えよ。　解答

❶ 18世紀半ばに『経済表』を著したケネーは、〔　〕を唱えた。　≫　重農主義

❷ リカードは、〔　〕貿易の基盤となる比較生産費説を主張した。　≫　自由

❸ 〔　〕は自由放任主義を主張し、「神の見えざる手」による経済の調和的発展を説いた。　≫　アダム=スミス

❹ ケインズは〔　〕の原理にもとづいて、政府の積極的な市場介入を主張した。　≫　有効需要

❺ 〔　〕は、『人口論』で人口抑制の必要性を説いた。　≫　マルサス

社会科学

13 経済
経済関連用語

1. 貿易関連

- **FTA（自由貿易協定：Free Trade Agreement）**…特定の国や地域の間で、物品の関税やサービス貿易の障壁などの削減・撤廃を目的とする協定。
- **EPA（経済連携協定：Economic Partnership Agreement）**…貿易の自由化に加え、**人**の**移動**、**知的財産**の保護や競争政策におけるルールづくり、さまざまな分野での協力の要素などを含む、幅広い経済関係の強化を目的とする協定。
- **TPP（環太平洋経済連携協定：Trans-Pacific Partnership）**…太平洋を囲むアジア、南北アメリカ、オセアニアの経済連携協定。
- **TPP11**…トランプ米大統領が2017年7月に離脱を表明したことから、アメリカを除く11か国で2018年12月に発効されたTPP。

2. 金融関連

- **ユーロ**…2002年からヨーロッパで使用されている法定通貨。25か国で使用されている。デンマーク、スウェーデンはユーロに参加していない。
- **ADB（アジア開発銀行）**…アジア太平洋における経済成長、開発途上国の経済発展への貢献を目的とする国際開発金融機関。**日本**が主導。
- **AIIB（アジアインフラ投資銀行）**…**中国**が主導するアジア向けの国際開発金融機関。ADBではまかないきれないアジアのインフラ整備のための資金提供を目的とする。
- **IMF（国際通貨基金）**…世界の為替相場の安定や加盟国への融資、国際貿易の促進を目的とした国連の専門機関。
- **ペイオフ**…金融機関が破綻した場合に、預金者1人あたりに元金1000万円とその利息が預金保険機構によって保護される制度。2010年日本振興銀行が破綻したときに初めてペイオフが施行された。

60

3. 経済時事関連

- **デフォルト**（債務不履行）…破綻などの理由で、債券の元本や利払いの支払いが不可能になること。
- **プライマリーバランス**…国債の発行収入、利払い、償還費を除いた歳入・歳出の差。
- **ODA**（政府開発援助：Official Development Assistance）…開発途上国の経済・社会の発展や福祉の向上に役立てるための公的な資金・技術提供。
- **アベノミクス**…**デフレ脱却**を目指して安倍政権が打ち出した政策。「3本の矢」として、①大胆な**金融政策** ②機動的な**財政政策** ③民間投資を喚起する**成長戦略** を掲げた。
- **ASEAN**（東南アジア諸国連合）…東南アジア10か国の経済、社会、政治、安全保障、文化での地域協力機構。ASEAN+3は、ASEAN10か国に**日本**、**中国**、**韓国**を加えたもの。
- BRICs・BRICS…**ブラジル、ロシア、インド、中国**の頭文字をとった言葉で、有力新興国を示す。BRICs4か国に**南アフリカ共和国**を加えた5か国をBRICSという。

CHECK問題　( )にあてはまる言葉を答えよ。　解答

1. アメリカを除く日本やオーストラリアなど、環太平洋11か国で結ばれた経済連携協定を〔　〕という。　≫　TPP11

2. 借金の返済が不可能になることを〔　〕という。　≫　デフォルト（債務不履行）

3. 開発途上国の経済・社会の発展などのための公的な資金・技術提供を〔　〕という。　≫　ODA

4. ASEAN+3は、ASEANに日本、〔　〕、韓国を加えたものである。　≫　中国

5. BRICSとは、ブラジル、ロシア、インド、中国に〔　〕を加えた5か国をいう。　≫　南アフリカ共和国

社会科学 **01** 国際政治

国際連合

1. 国際連盟との違い

国際連盟		国際連合
第一次世界大戦後、米大統領**ウィルソン**の14カ条の原則にもとづき創設	成立過程	国際連盟の反省にもとづき大西洋憲章を基本に1945年に創設
総会、理事会とも**全会一致**制	表 決	総会は**多数決**制。安保理の実質事項は、常任理事国に**拒否**権がある
総 会 理事会 事務局 常設国際司法裁判所	主要機関	総 会 安全保障理事会 経済社会理事会 信託統治理事会 国際司法裁判所 事務局
英、仏、伊、独、日	常任理事国	米、英、仏、ロ、中
経済制裁が中心（通商、交通、金融などの関係の断絶）	制裁措置	経済制裁のほかに、安保理は**軍事的強制**措置の権限がある

重要 ## 2. 安全保障理事会

- **安全保障理事会**…国際平和と安全の維持に責任をもつ機関。**軍事的・経済的**制裁を決定する権限がある。**9**か国以上の賛成で決議が行われる。安全保障理事会の決議は、全加盟国を拘束する強力な効果がある。ただし、これまでに**国連軍**は編成されたことがない。
- **常任理事国**…**アメリカ**、**イギリス**、**フランス**、**ロシア**、**中国**の5か国。任期の期限はなく、永続的に安全保障理事会の理事国メンバーとなっている。**常任理事国**には**拒否**権がある。
- **非常任理事国**…10か国で任期は2年。毎年5か国ずつ改選し、連続当選は不可となっている。非常任理事国には**拒否**権がない。

※拒否権…表決に対して拒否する権限。常任理事国のうち1か国でも拒否すればその決議は不成立になる。

3. 総会

- **総会**…全加盟国によって構成される。国際平和と安全の維持のために審議を行い、加盟国や安全保障理事会に**勧告**する。1国1票制。表決方法は**過半数**、重要事項は**3分の2**以上の多数決で行われる。ただし、総会の決議は加盟国を拘束しない。

> 全会一致主義の国際連盟とは違って、
> 国際連合では多数決主義がとられている点に注意しよう。

4. 事務局

- **事務局**…国連の運営に関する事務や連絡を担当している機関。本部はニューヨークにある。トップは**事務総長**。
- **事務総長**…事務局の代表であり、安全保障理事会の勧告にもとづいて総会が任命する。任期は5年。その任務は国連内部の組織運営および、国際平和と安全維持の脅威になる事案について、安全保障理事会の注意を促すこと。

CHECK問題 ( )にあてはまる言葉を答えよ。 / 解答

① 国際連盟はアメリカの〔　〕大統領の提案により設立された。　≫　ウィルソン

② 第二次世界大戦後に国際平和のために〔　〕が設立された。　≫　国際連合

③ 安全保障理事会の〔　〕には拒否権が与えられている。　≫　常任理事国

④ 国連総会の決議は〔　〕で行われる。　≫　多数決

⑤ 国連事務局のトップは〔　〕である。　≫　事務総長

社会科学 **02** 国際政治

各国の政治体制

重要 ## 1. アメリカ

元　首	大統領…1任期4年、最長**2**期**8**年。**間接**選挙により選出
議　会	**上院**…各州2名選出。100議席 **下院**…人口ごとの選挙区から1名ずつ選出。435議席
特　徴	大統領は議会に対して教書送付権をもつが、**法律案**は提出できない。また、**解散**権もない。議会は大統領に対して不信任決議を行えない

※教書送付権…大統領は連邦議会に対して法律案と予算案の提出ができない。その代わり政策に必要な立法や予算を勧告するため、教書を議会に送付できる。

2. イギリス

元　首	女王…政治的実権をもたない
議　会	上院…公選なし。女王の任命による勅選議員のみ 下院…人口ごとの選挙区から1名ずつ選出。650議席
特　徴	イギリス議会は下院の決定が上院に優越する。首相は下院第1党党首が任命される。**閣僚**はすべて議員から選ばれる

3. フランス

元　首	大統領…1期5年。直接選挙により選出
議　会	上院…間接選挙により選出。348議席 下院…政党への投票と、人口ごとの選挙区から1名ずつ選出。577議席
特　徴	**大統領**が強大な権限をもち、首相の任免権や議会の解散権を有している

64

4. ドイツ

元首	大統領…1期5年。間接選挙により選出
議会	連邦参議院…各州から派遣される。69議席 連邦議会…2つの制度を組合せた選挙（小選挙区比例代表併用制）により選出。709議席（法定定数は598議席）
特徴	大統領は元首ではあるが、その権限は象徴的なものにかぎられる。行政の実権は連邦議会で選出される首相がもつ

5. 中国

元首	国家主席…1期5年。全国人民代表大会により選出
議会	全国人民代表大会…各省や自治区、軍の代表などから構成される一院制の議会。年1回開催される。2980議席
特徴	中国では民主集中制を採用、全国人民代表大会に権力を集中させ、国の最高機関としている

一般知識 社会科学

国際政治

CHECK問題 （ ）にあてはまる言葉を答えよ。

 解答

① アメリカ大統領は議会に対して、法案提出権の代わりに〔　〕をもつ。 ≫ 教書送付権

② アメリカ大統領選挙は〔　〕選挙で行われる。 ≫ 間接

③ イギリスの閣僚はすべて〔　〕でなければならない。 ≫ 議員

④ フランスは、大統領と首相では〔　〕のほうが強い権限をもつ。 ≫ 大統領

⑤ ドイツは、大統領と首相では〔　〕のほうが強い権限をもつ。 ≫ 首相

社会科学 **03** 国際政治

国際社会の動き

1. 国際組織

● EU（欧州連合）…ヨーロッパにおける経済・政治の統合を目的とした地域機関。1992年マーストリヒト条約により設立。2016年に加盟国の1つである**イギリス**が離脱を選択し、2020年にEUを離脱した（ブレグジット）。

● **NATO（北大西洋条約機構）**…ヨーロッパと北アメリカの各国で結ばれた軍事同盟。1949年北大西洋条約により設立。

2. 非政府・非営利組織

● **NGO（非政府組織）**…政府以外の関係組織のこと。近年では、貧困対策や人道支援、環境保護などの活動を世界的に行っている。

● **NPO（非営利組織）**…ボランティア活動や環境保護など、営利を目的としない民間組織のこと。日本では1998年にNPO法が制定され、法人格を取得しやすくなった。

3. 安全保障問題

● **香港国家安全維持法**（国安法）…香港における大規模な民主化デモをきっかけとして、国家安全保護に関わる法律が、2020年に**中国全国人民代表大会**により導入された。国案法では、国家分裂、政府転覆、テロ活動の組織化・実行、外部勢力と結託して国家の安全に危害を加えることを犯罪行為として、処罰の対象にしている（外国人も対象）。

● **イスラエル、UAE・バーレーン国交正常化**…2020年9月に、**イスラエル**が**UAE（アラブ首長国連邦）**と**バーレーン**の両国と国交を正常化させることで合意した。多くのアラブ諸国はイスラエルと対立し国交を結ぶことを拒絶しているため、中東地域の変化につながる可能性もある。

● **ナゴルノ・カラバフ紛争**…2020年9月、コーカサス地方の**アゼルバ**

イジャンとアルメニアが、両国の係争地であるナゴルノ・カラバフを
めぐって軍事衝突。停戦と軍事衝突を繰り返したのち、11月にロシ
アの仲介によって完全停戦となった。

4. 領土問題

● 尖閣諸島問題…日本は1895年に東シナ海に存在する尖閣諸島を
自国領に編入し、現在に至るまで実効支配している。これに対し、中
国は1970年代以降、自国の一部と主張するようになった。2010年
以降、中国は政府機関の船を接近させ続けている。

● 北方領土問題…北海道根室半島沖合にある択捉島、国後島、色丹島、
歯舞群島を北方領土と呼ぶ。これらの島々は歴史的に日本の領土だ
が、太平洋戦争末期にソ連（現在のロシア）の侵攻により占領された。
日本は返還を求めて交渉を行っているが、ロシアは現在に至るまで
占拠し続けている。

● 竹島問題…1905年に日本は島根県沖合にある竹島を自国領に編入
した。1952年に韓国が竹島を自国領として主張。1954年からは警
備隊を常駐させ、現在に至るまで占拠し続けている。日本は竹島に
ついて、国際司法裁判所への付託を韓国に提案しているが、韓国は
拒否している。

一般知識　社会科学　国際政治

Q CHECK問題 （　）にあてはまる言葉を答えよ。 A 解答

❶ 〔　　〕はヨーロッパと北アメリカ各国でつくる軍事同盟である。	NATO
❷ 政府以外で世界的な活動をする団体を〔　　〕という。	NGO
❸ 2020年9月に〔　　〕は、UAEとバーレーン両国と国交を正常化させることで合意した。	イスラエル
❹ 日本の領土だが、中国も領有権を主張しているのは〔　　〕である。	尖閣諸島
❺ 日本の領土だが、ロシアが占拠し続けているのは〔　　〕である。	北方領土

67

社会科学

01 社 会
社会保障

重要 1. 日本の社会保障制度

● **年金保険**…日本では公的年金として**国民年金**がある。日本国内に住所のある20歳以上60歳未満のすべての人が加入を義務づけられ、保険料を納めている。職業などによって国民年金にさらに別途の年金（会社員・公務員は**厚生年金**）が加えられる。

＜年金制度の構造（3階建て）＞

3階		厚生年金基金		
2階	国民年金基金	厚生年金		
1階	国民年金			
	自営業者 学生	会社員	公務員	専業主婦

● **医療**保険…日本では国民が何らかの健康保険に加入する**国民皆保険**制度が実現している。国民健康保険には、自営業者とその家族など、組織に所属していない人が加入。被用者保険（健保組合や協会けんぽなど）には、組織に雇用されている人が加入している。なお、国民健康保険・被用者保険ともに、被保険者は保険料を納める。

● **雇用**保険…労働者が失業したときに給付金が支給される制度。労働者を雇っているすべての会社は、加入が義務づけられている。保険料は労働者と会社がともに負担する。

● **公的扶助**…国民に最低限度の生活を保障するため、経済的に援助する制度。生活に困窮する人に対して医療扶助や生活扶助などの生活保護が行われる。費用は全額公費で負担される。

2. 少子高齢化

- **合計特殊出生率**…1人の女性が一生の間に産む子どもの数。過去最低は2005年の1.26。合計特殊出生率は1975年に2.0を下まわって以降、上下することはあったが2.0以上に回復したことはない。
- **高齢化率**…全人口に占める65歳以上の割合。日本の高齢化は急速に進み、2018年には高齢化率が**28.4**%に達した。
- **高齢化社会**…全人口における高齢化率が7%を超えた社会。
- **高齢社会**…全人口における高齢化率が14%を超えた社会。
- **超高齢社会**…全人口における高齢化率が21%を超えた社会。

CHECK問題 （ ）にあてはまる言葉を答えよ。

	問題	解答
❶	年金保険のうち、加入が義務づけられているのは〔　〕である。	国民年金
❷	公務員が加入する年金保険は〔　〕である。	厚生年金
❸	国民に最低限度の生活を保障するための制度は〔　〕である。	公的扶助
❹	1人の女性が一生の間に産む子どもの数のことを〔　〕という。	合計特殊出生率
❺	全人口における高齢化率が21％を超えた社会を〔　〕という。	超高齢社会

社会科学 02 社会

環 境

1. さまざまな環境問題

- **温室効果ガス**…地球の気温や海水温を上昇させる効果のあるガス。二酸化炭素やメタンガスなど。
- **オゾン層の破壊**…大気中には人体に有害な紫外線を吸収するオゾン層がある。**フロンガス**などによりオゾン層が破壊され、**オゾンホール**と呼ばれる穴が南極上空に発生し、問題視されている。
- **酸性雨**…二酸化硫黄や窒素酸化物などが含まれた雨。河川や湖沼、土壌を酸性化させることで、魚類や森林に悪影響を与える。

重要 2. 地球温暖化に対する国際的な取り組み

- **国連気候変動枠組条約**…地球温暖化にかかわる大気中の温室効果ガス濃度を安定させるため、1992年に国連で採択された条約。先進国は温室効果ガスの排出抑制が努力義務。
- **気候変動枠組条約締約国会議（COP）**…国連気候変動枠組条約にもとづいて毎年開催されている国際会議。各国の代表が出席して、温室効果ガス抑制に関する議論が行われている。
- **京都議定書**…1997年に京都で行われた、第3回気候変動枠組条約締約国会議（COP3）で採択された議定書。2008年から2012年までの先進国の温室効果ガス排出量削減を、各国ごとに数値目標設定したもの。日本の目標は1990年比**6**％削減とされ、これを達成した。
- **パリ協定**…京都議定書に代わる新たな枠組みとして、パリ協定が2015年のCOP21において採択され、2016年に発効した。パリ協定では気候変動枠組条約の全加盟国が参加して、温暖化ガスを削減する。

> 京都議定書では先進国が規制対象で中国などの新興国は対象外だったけど、パリ協定ではすべての国が対象になったんだ。

3. リサイクル

- **資源有効利用促進法**…大量廃棄せずにリサイクルすることで資源の有効利用を促進する法律。
- **3R**…リデュース(Reduce)、リユース(Reuse)、リサイクル(Recycle)の頭文字を表したもの。資源の有効利用を重視した循環型社会のために必要な3要素。
  ① **リデュース**…廃棄物をなるべく発生させないこと。
  ② **リユース**…一度使われた製品を回収し、再使用すること。
  ③ **リサイクル**…一度使われた製品を回収し、再資源化すること。

CHECK問題 ( )にあてはまる言葉を答えよ。

❶ フロンガスによって、南極上空には〔　〕が発生している。　　　» オゾンホール

❷ 京都議定書では日本の削減目標は1990年比〔　〕である。　　　» 6%

❸ 中国は京都議定書に〔　〕である。　　　» 不参加

❹ 日本は京都議定書の第二約束期間に〔　〕である。　　　» 不参加

❺ リデュース、リユース、リサイクルの3要素をあわせて〔　〕という。　　　» 3R

社会科学 **03** 社 会

労 働

1. 労働三法

①**労働基準**法…労働条件の最低基準が定められた法律。もし労働条件が労働基準法を下まわると、使用者と労働者の間で合意があっても無効になる。

②**労働組合**法…使用者と労働者を対等の関係に位置づけ、労働者の地位向上をはかるための法律。労働三権を保障し、使用者による不当労働行為(労働組合への干渉など)を禁じている。

③**労働関係調整**法…労働関係を調整し、労働争議や争議行為の解決方法を定めた法律。原則として自主的に解決するが、労働委員会による調整が行われることもある。

2. 公務員の労働基本権

● 公務員の労働基本権（団結権・団体交渉権・団体行動権）は、職務の公共性から職種により制約がある。

①**団結**権…労働組合を結成し、加入する権利。

②**団体交渉**権…労働者が団体で賃金などの労働条件について使用者と交渉する権利。

③**団体行動**権…使用者に対して、労働組合が労働条件の改善などを達成させるために争議行為（ストライキなど）を行う権利。

	警察、消防、海上保安庁、自衛隊、刑事施設職員	非現業の一般職公務員	現業公務員※2
団結権	×	○	○
団体交渉権	×	△※1	○
団体行動権	×	×	×

※1：交渉は認められるが、団体協約は締結できない。
※2：学校給食調理員や公営バス運転手など、公権力の行使にあたらない公務員のこと。

72

3. 労働問題関連用語

- **ニート（NEET）**…「就学、就労、**職業訓練**のいずれも行っていない若者（Not in Education, Employment or Training）」の略。日本での定義は「15～34歳の非労働力人口のうち、通学、家事を行っていない者」とされ、若年無業者ともいう。
- **ワークライフバランス**…仕事と生活の調和のこと。その実現のため長時間労働の削減や育児環境の充実などを目指して、政府や自治体が政策として推進している。
- **M字型曲線**…日本での女性の**年齢**階級別労働力率をグラフで表すとM字型の曲線になることをいう。原因は30歳代の**出産・育児**の時期に退職する女性が多く、労働力率が低下するため。その後、子育てが一段落する40歳代で再就職し回復することから、M字型になる。

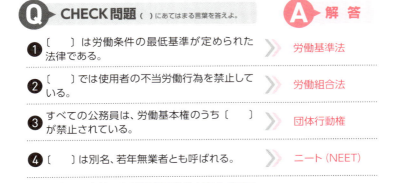

Q CHECK問題 （　）にあてはまる言葉を答えよ。	A 解答
❶ 〔　　〕は労働条件の最低基準が定められた法律である。	労働基準法
❷ 〔　　〕では使用者の不当労働行為を禁止している。	労働組合法
❸ すべての公務員は、労働基本権のうち〔　　〕が禁止されている。	団体行動権
❹ 〔　　〕は別名、若年無業者とも呼ばれる。	ニート（NEET）
❺ 日本での女性の年齢階級別労働力率のグラフは〔　　〕を描く。	M字型曲線

人文科学 **01** 日本史
法制史（鎌倉〜江戸初期）

1. 鎌倉幕府の法令

- **御成敗式目**（1232年）…**北条泰時**は、源頼朝以来の先例や道理（武家社会の慣習・道徳）にもとづき、守護・地頭の権限などを示す**御成敗式目**を制定した（日本最初の武家法）。
- **永仁の徳政令**（1297年）…**北条貞時**は、御家人の貧窮への対策として武家政権最初の**徳政令**を出した。

2. 室町幕府の法令

- **建武式目**（1336年）…**足利尊氏**は、持明院統の光明天皇をたて、政治方針を示す**建武式目**を発表した。
- **分国法**…戦国時代になると、戦国大名が領地内を統治するために独自の**分国法**を制定した。

3. 織豊政権時の法令

- **楽市令**…織田信長は、市座の特権を廃止するとともに、座の保護者であった公家・寺社などの財源を奪ってその経済力を弱めた。
- **バテレン追放令**（1587年）…**豊臣秀吉**はキリシタンを邪教とし、宣教師に対し20日以内に国外退去するよう命じる**バテレン追放令**を出した。ただし、貿易は従来通り奨励した。
- **刀狩令**（1588年）…**豊臣秀吉**は、農民一揆の防止や太閤検地への抵抗を排除するため**刀狩令**を制定し、農民の武器を没収した。

4. 江戸初期の法令

<大名に対する統制>
- **一国一城令**（1615年）…徳川家康は大坂の陣（大坂の役）の後、大名の居城を**1**つに限定し、ほかの城はすべて廃城にさせた。
- **武家諸法度**（1615年）…大名の反乱防止のため、金地院崇伝が大名統制の大綱である**武家諸法度**を起草し、2代将軍**徳川秀忠**が発布した。

<朝廷に対する統制>
- **禁中並公家諸法度**（1615年）…天皇を政治から遠ざけ学問に専念させるため、朝廷・公家にさまざまな規定を課してその行動を厳しく規制する**禁中並公家諸法度**を制定した。

<寺院に対する統制>
- **諸宗寺院法度**（1665年）…諸宗派・寺院・僧侶の統制を目的として**諸宗寺院法度**が制定された。

江戸初期の法令整備は、江戸幕府の長期政権の基礎をつくった重要な法令。しっかり覚えよう！

CHECK問題 （ ）にあてはまる言葉を答えよ。　解答

1. 北条泰時は、武家法の最初の成文法典である〔　〕を制定した。　≫　御成敗式目

2. 豊臣秀吉は、〔　〕を行い農民から武器を没収した。　≫　刀狩

3. 大名の反乱を防止するため〔　〕が徳川秀忠の名で発布された。　≫　武家諸法度

4. 江戸幕府は、朝廷・公家への統制法として行動を厳しく規制する〔　〕を制定した。　≫　禁中並公家諸法度

5. 江戸幕府は、各宗共通の内容で〔　〕を出し、寺社に対する統制を強めた。　≫　諸宗寺院法度

人文科学

02 日本史
宗教史（中世～近世）

1. 鎌倉幕府と鎌倉仏教

- 鎌倉幕府の成立（12世紀末）…**源頼朝**が征夷大将軍に任じられた頃（1192年）までに鎌倉幕府が成立した。鎌倉幕府は**封建**制度にもとづいて成立した最初の政権。

＜封建制度＞

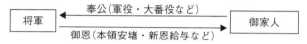

- 鎌倉仏教…鎌倉時代には、**宋**の文化を積極的に吸収して新しい仏教が誕生するとともに、庶民など広い階層に受け入れられた。

開祖	宗派	寺院	その他
法 然	浄土宗	知恩院	専修念仏
栄 西	臨済宗	建仁寺	座禅、公案
親 鸞	浄土真宗	本願寺	悪人正機
道 元	曹洞宗	永平寺	只管打坐
日 蓮	日蓮宗	久遠寺	法華経
一 遍	時 宗	清浄光寺	踊念仏

2. 南蛮貿易とキリスト教の伝来

- 鉄砲の伝来（1543年）…ポルトガル人を乗せた中国船が**種子**島に漂着し、鉄砲を伝えた。
- **キリスト教**の伝来（1549年）…イエズス会の**フランシスコ＝ザビエル**が鹿児島に到着し、キリスト教を伝えた。
- 貿易の開始（16世紀中頃）…**ポルトガル**人が平戸に来航し、日本との貿易が始まった。

3. キリスト教政策と海外通商

- **バテレン追放令**（1587年）…**豊臣秀吉**はキリスト教を邪教とし、バテレン（宣教師）に対して20日以内に国外退去を命じた。
- **禁教令**（1612年）…江戸幕府は、幕領および直属家臣にキリシタン信仰を禁止するため**禁教令**を発令した。
- **鎖国**…**ポルトガル**船の来航を禁止（1639年）。平戸のオランダ商館を長崎の**出島**に移し、鎖国が完成（1641年）。
- **鎖国後の通商**…貿易は**オランダ**船と**中国（清）**船だけに認め、来航できる貿易港も**長崎**1港に限定した。

> キリスト教の伝来から鎖国までは一連の流れで覚えるのが効果的。

一般知識　人文科学

日本史

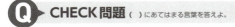

❶ 〔　〕は、将軍と御家人が御恩と奉公との関係で結ばれている制度をいう。　　**封建制度**

❷ 〔　〕とはひたすら念仏を唱えることで、法然が説いた。　　**専修念仏**

❸ 〔　〕は1549年に鹿児島に上陸し、日本にキリスト教を伝えた。　　**フランシスコ＝ザビエル**

❹ 江戸幕府は1612年、直轄領に〔　〕を出しキリスト教信者に改宗を強制した。　　**禁教令**

❺ 1639年に〔　〕船の来航が禁止され、1641年に鎖国が完成した。　　**ポルトガル**

77

人文科学 **03** 日本史
経済産業史（江戸〜戦後）

1. 江戸時代の経済産業史

＜農業の発達＞

- **町人請負新田**…町人が出資して請け負った**町人請負新田**により、新田開発や治水・灌漑事業が積極的に行われた。

- **農具の改良**…農具の改良も著しく、**備中鍬**や**千歯扱**などの使用が一般化した。

- **四木三草**…年貢用の米生産以外に商品作物の栽培を行う地域が増加。四木（桑・漆・茶・楮）、三草（麻・藍・紅花）。

＜農書＞

- **『農業全書』**…宮崎安貞が自身の経験や見聞を加えて著した最初の体系的農業書。

＜交通の発達＞

- **五街道**…江戸日本橋を起点とした、**東海道・中山道**・甲州道中・日光道中・奥州道中をいう。

＜飢饉の発生＞

- **大飢饉の発生**…1732年には**享保**の大飢饉が、1782年には**天明**の大飢饉が発生し、大規模な**打ちこわし**や百姓一揆が頻発した。

＜手工業の発達＞

- **農村家内工業**…17世紀には、農民が個人で副業として製品をつくる**農村家内工業**が広まった。

- **工場制手工業**…19世紀には問屋制家内工業がいっそう発展し、地主や商人が賃金労働者を集めて工場で分業と協業を行う、**工場制手工業**が始まった。

＜都市の発達＞

- **三都**…**江戸**が政治都市として、**大坂**が商業都市として、**京都**が宗教・工芸都市として世界有数の都市となった。

2. 明治時代の経済産業史

<明治初期の経済産業史>

- **殖産興業**…新政府は富国強兵を目指して**殖産興業**に力を注ぎ、政策実現のため1870年に工部省を1873年に内務省を設置した。また、1872年には群馬県に官営模範工場として**富岡製糸場**を設置した。
- **新貨条例**(1871年)…金本位制を建前とする**新貨条例**を定め、円・銭・厘の硬貨を造幣した。
- **国立銀行**条例(1872年)…殖産興業の資金提供と不換紙幣の整理を目的として、渋沢栄一が**国立銀行**条例を定め銀行の設立を試みたが失敗に終わった。その後、1876年に兌換義務を廃止したことで多くの**銀行**が設立された。
- **鉄道**が開通(1872年)…工部省により東京〜横浜間に**鉄道**が開通した。その後、1881年に**日本鉄道会社**が政府の保護のもと成功を収めると、1889年には東海道線が全通した。

<明治中期の経済産業史>

- **日本銀行**設立(1882年)…大蔵卿松方正義は増税・歳出緊縮を行うとともに、**日本銀行**を設立して**銀**と兌換できる紙幣の発行を**日本銀行**のみに認めた。
- **第一次産業革命**…1880年代後半、鉄道や紡績で最初の企業勃興がおこり、機械技術を本格的に導入する**第一次産業革命**が始まった。
- **金本位制**が確立…日清戦争に勝利して賠償金を得た政府は、1897年貨幣法を制定するとともに**金本位制**を確立し、**資本**主義が本格的に成立した。
- **財閥**の形成…政商の私的な多角企業として発展してきた三井、三菱、住友などの**財閥**は、各事業を独立させて株式会社組織とし、近代的**コンツェルン**を形成した。
- **第二次産業革命**…1901年、官営の**八幡製鉄所**が操業開始するとともに、水力発電の本格的開始により**電力**事業が勃興した。

> 明治時代は富国強兵のための殖産興業を中心にまとめよう。

3. 第一次大戦後の経済産業史

<大戦景気>

- **大戦景気**…日本は第一次世界大戦を契機に、アメリカとともにアジア市場を独占したことや、交戦国からの需要が拡大したことから大幅な輸出超過となった。その結果、**債務**国から**債権**国に転じた。
- **世界第1位の紡績国へ**…貿易の伸長は海運業の繁栄をもたらし、日本は世界第3位の**海運**国となった。また、紡績業の発展も目覚ましくアジア市場を独占した結果、世界第1位の**紡績**国となった。

<戦後恐慌と金融恐慌>

- **戦後恐慌**（1920年）…株式市場の暴落をきっかけに**戦後恐慌**が発生した。
- **関東大震災**（1923年）…震災により経済は大打撃を受け、銀行の手形決済が不能となった。山本権兵衛内閣は**モラトリアム**（支払猶予令）や**震災手形**などで対応したが、富の蓄積をほとんど失った。
- **金融恐慌**（1927年）…若槻礼次郎内閣は**震災手形**の処理をはかったが、銀行の取り付け騒ぎから銀行休業が続出し、**金融恐慌**と呼ばれる事態に発展した。
- **モラトリアム**…田中義一内閣が成立すると3週間の**モラトリアム**を発し、その間に日本銀行に非常貸し出しを行わせて事態を収拾した。
- **昭和恐慌**（1930年）…アメリカのウォール街で始まった**世界恐慌**（1929年）の余波により、**昭和恐慌**が起こった。
- **金解禁の実施**（1930年）…浜口雄幸内閣の蔵相**井上準之助**は、**金解禁**を実施して**緊縮**財政を推進するが、**世界恐慌**のなかで行われたため失敗。
- **積極財政を展開**（1931年）…犬養毅内閣の蔵相**高橋是清**は、**金輸出再禁止**と大量の公債発行による**積極**財政を展開し、世界恐慌以前の生産水準を回復。

> 第一次世界大戦後は、賠償金による産業育成の内容と、たび重なる恐慌の影響についてまとめておこう。

4. 第二次大戦後の経済産業史

<占領下の政策>

幣原喜重郎内閣 (1945年)	・婦人参政権の付与を主とする**婦人の解放** ・労働三法を主とする**労働組合結成の助長** ・教育基本法など**教育制度の自由主義化** ・農地改革、財閥解体を主とする**経済機構の民主化** ・治安維持法、治安警察法の廃止など**圧政的諸制度の撤廃**

<占領政策の転換>

第3次吉田茂内閣 (1949年)	・**ドッジ＝ライン**…GHQの財政顧問ドッジが経済安定9原則を具体化した政策 ・**シャウプ勧告**…シャウプによる日本の税制改革に関する勧告

<国際社会への復帰>

第3次吉田茂内閣 (1951年)	・**サンフランシスコ平和**条約…日本の主権が回復 ・**日米安全保障**条約…日米間で締結された日本防衛のための条約

<高度経済成長>

池田勇人内閣 (1960年～64年)	・**国民所得倍増**計画…10年間で国民所得を倍増 ・**農業基本**法…自立経営農家の育成 ・**東京オリンピック**開催

CHECK問題 ( )にあてはまる言葉を答えよ。　解答

❶ 江戸時代には、〔　〕を中心に耕地増大が行われた。 　》　町人請負新田

❷ 享保・天明の〔　〕は、農民の生活に深刻な影響を及ぼした。 　》　大飢饉

❸ 1872年、明治政府は群馬県に官営模範工場として〔　〕を設置した。 　》　富岡製糸場

❹ 明治政府は、日清戦争の賠償金の一部で官営の〔　〕を創業した。 　》　八幡製鉄所

❺ 第一次世界大戦後、日本は世界一の〔　〕となった。 　》　紡績国

人文科学 04 日本史
政治制度（中世〜近代）

1. 中世の政治制度

●鎌倉幕府の成立

年　代	源平の争乱	鎌倉幕府成立の動き
1180年	以仁王・源頼政の挙兵	源頼朝が侍所を設置
1185年	壇ノ浦の合戦で平氏敗北	頼朝が守護・地頭を設置
1192年		頼朝が征夷大将軍となる

＜鎌倉幕府の機構＞

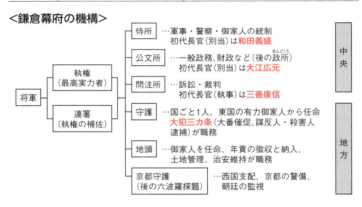

※評定…執権・連署・評定衆で構成される幕府の最高決裁会議。

●室町幕府の政治

将　軍	室町幕府の政治
足利尊氏	1336年　建武式目を制定 1338年　征夷大将軍に任じられ、京都に幕府を開く
足利義満	1368年　征夷大将軍に就任 1392年　南北朝を合一 1404年　日明貿易を開始
足利義政	1467〜77年　応仁・文明の乱→幕府権威が低下→下剋上
足利義昭	1573年　織田信長に追放される→室町幕府の滅亡

<室町幕府の機構>

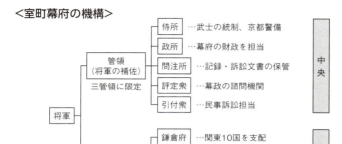

管領は、細川・斯波・畠山（三管領）、
侍所の長官は、山名・赤松・京極・一色（四職）から任命したよ。

2. 近世の政治制度

● 江戸幕府の体制

幕藩体制…将軍（幕府）と大名（藩）の強力な領主権で統治される国家体制。

<江戸幕府の機構>

徳川家光（3代将軍）の時代までに整備された（**武断**政治）。

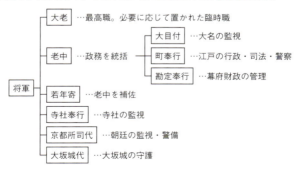

3. 近代の政治制度

● 明治政府の政策

①**五箇条の御誓文**(1868年)…新国家の基本方針(**天皇**中心の体制など)。

②**政体書**(1868年)…政治組織の制定。**太政官**に権力を集中。

③**版籍奉還**(1869年)…藩主が版(領地)と籍(領民)を朝廷に返上し、旧大名を**知藩事**に任命。

④**廃藩置県**(1871年)…藩を廃止し、府県に統一。知藩事を罷免し、**府知事・県令**を置く。

⑤**徴兵令**(1873年)…満20歳以上の男子を徴兵(国民皆兵の方針)。

⑥**地租改正**(1873年)…地価を定めて**地券**を発行し、地価の**3**%を金納させる(その後2.5%に変更)。

⑦**四民平等**…華族(公家・大名)、**士族**(旧幕臣・旧藩士)、**卒**(足軽以下)、**平民**(農工商など)。

● 自由民権運動

年代	自由民権運動	政府の動き
1874年	板垣退助らが愛国公党結成 民撰議院設立の建白書を提出	政府は時期尚早として無視
1875年	全国的政治結社愛国社結成	立憲政体樹立の詔を公表 讒謗律・新聞紙条例を公布
1880年	愛国社が国会期成同盟と改称	集会条例を公布して弾圧
1881年	板垣退助らが自由党結成 国会開設の意見書提出	国会開設の詔を発布
1882年	大隈重信らが立憲改進党結成	
1885年		内閣制度発足
1889年		大日本帝国憲法発布
1890年		第1回帝国議会

●大正デモクラシー

	第一次護憲運動（1912〜13年）	第二次護憲運動（1924年）
中心勢力	立憲政友会（尾崎行雄） 立憲国民党（犬養 毅）	護憲三派 （憲政会、立憲政友会、革新倶楽部）
運動内容	「閥族打破・憲政擁護」 第3次桂太郎内閣崩壊	「普選断行・貴族院改革」 清浦奎吾内閣崩壊
影　響	軍部大臣現役武官制の改革、吉野作造 の民本主義の登場	普通選挙法（1925年） 治安維持法（1925年）

一般知識　人文科学

日本史

Q CHECK問題 （　）にあてはまる言葉を答えよ。　A 解答

❶ 鎌倉幕府の守護は〔　　〕を職務とした。　≫　大犯三カ条

❷ 1336年、足利尊氏は〔　　〕を制定した。　≫　建武式目

❸ 明治政府は、新国家の基本方針である〔　　〕
を公布した。　≫　五箇条の御誓文

❹ 板垣退助は、愛国公党を結成し〔　　〕を提出
した。　≫　民撰議院設立の
建白書

❺ 〔　　〕内閣のときに、第一次護憲運動が起こっ
た。　≫　第3次桂太郎

85

人文科学 **05** 日本史

江戸の五大改革

1. 正徳の治

名称	人物	業績・キーワード	内　容
正徳の治（1709〜16）	新井白石（儒学者）間部詮房（側用人）	生類憐みの令の廃止（1709年）	5代将軍徳川綱吉の政治を否定する
		貨幣の改鋳（1714年）	元禄以前の良質な貨幣に戻した（正徳金銀）
		長崎貿易の制限（1715年）貿易の統制	海舶互市新例により海外貿易を制限した

重要 ## 2. 享保の改革

名称	人物	業績・キーワード	内　容
享保の改革（1716〜45）	徳川吉宗（8代将軍）	株仲間の公認	物価調整・商工業の統制が目的
		相対済し令（1719年）	金銭貸借による争いを評定所では取り扱わないこととした
		定免法（1721年）	それまでの検見法（その年の収穫量に応じて年貢率を決める方法）を廃止し、豊凶に関係なく年貢率を一定にした。これにより、年貢増徴を実現した
		目安箱の設置（1721年）	評定所の前に設置し、政治・経済に関する庶民の要望を投書させた
		上げ米（1722年）	諸大名に1万石につき100石を幕府に上納させ、そのかわりに参勤交代の在府期間を半減し、幕府収入の増加を実現した
		足高の制（1723年）	人事登用・経費節減を目的として、家格より高い役職についた場合、在職中だけその役職に見合った俸禄を与えた
		公事方御定書（1742年）	江戸町奉行大岡忠相らに編纂させた、裁判や刑の基準

※享保の改革は内容が豊富で、どれも後の改革の手本となった。

3. 田沼時代

名称	人物	業績・キーワード	内容
田沼時代（1767〜86）	田沼意次（側用人・老中）	株仲間の積極的利用	営業税（運上・冥加）による手数料収入が目的。賄賂が横行
		印旛沼・手賀沼の干拓事業（1782年）	印旛沼・手賀沼を干拓し、新田開発に着手したが利根川の洪水で失敗した
		蝦夷地開拓の計画	ロシアと正式に交易しようとしたが、浅間山の噴火で天明の飢饉が起き、百姓一揆・打ちこわしが多発。田沼意次は失脚し計画は中止になった
		重商主義の導入	長崎貿易の奨励やアイヌを通じたロシア交易を模索したが、そうした積極的な商業主義が賄賂政治の横行をもたらした

※田沼意次の政治は、重商主義を重視したので賄賂政治が横行し、田沼意次自身の失脚につながった。

重要 4. 寛政の改革

名称	人物	業績・キーワード	内容
寛政の改革（1787〜93）	松平定信（老中）	棄捐令（1789年）	旗本・御家人の救済のため、札差に6年以前の借金を帳消しにさせる
		囲米（1789年）	諸藩に1万石につき50石の籾米の貯蔵を命じた
		寛政異学の禁（1790年）	朱子学を公式の学問とした昌平坂学問所を幕府直轄とした
		旧里帰農令（1790年）	離村し江戸に流入した農夫に帰農を奨励した
		七分積金（1791年）	江戸町会所には町費の節減額の70％、地主には所得の20％、各町内には町費の10％を積立させ、利子を貧民救済に充てるよう命じた

寛政の改革は、社会不安に備えて備蓄を重視した点に注意しよう。

重要 | ## 5. 天保の改革

名称	人物	業績・キーワード	内容
天保の改革（1841〜43）	水野忠邦（老中）	**株仲間**の解散（1841年）	物価を下げるために**株仲間**を解散し、その特権を奪ったが、かえって流通の統制が乱れて物価は更に高騰した
		上知令（1843年）	江戸・大坂周辺の大名・旗本領を**幕府直轄領**とし、幕府の収入増加をもくろむが、老中・大名・旗本の反対により失敗した
		人返しの法（1843年）	農民の離村による年貢収入の低下を防止するため、農民の出稼ぎを禁じ、江戸に流入した農夫の帰農を**強制**した

6. 株仲間の変遷

- **株仲間の公認（享保の改革）**…物価調整・商工業の統制が目的。
- **株仲間の積極的利用（田沼時代）**…営業税（運上・冥加）による手数料収入が目的。
- **株仲間の解散（天保の改革）**…物価騰貴の原因が株仲間にあるとして解散させる。

7. 武断政治と文治政治

初代将軍徳川家康から3代将軍徳川家光の政治は、武力で威圧する**武断**政治をとったのに対し、4代将軍徳川家綱から7代将軍徳川家継にかけては、儒教的徳治主義で治める**文治**政治をとった。

- **武断政治**

初代将軍徳川家康 2代将軍徳川秀忠 3代将軍徳川家光	・**武家諸法度**違反、**末期養子**の禁などを理由に改易・減封を断行 ・牢人の増加やかぶき者の横行による社会不安が増大 ・**慶安の変**（由井正雪の乱）が起こり、文治政治への転換の契機となる

●文治政治

4代将軍徳川家綱	・保科正之らが補佐 ・慶安の変が起こると、幕府は末期養子の禁を緩和し牢人の増加を防止するとともに、かぶき者の取り締まりを強化
5代将軍徳川綱吉	・側用人柳沢吉保が補佐 ・生類憐みの令を発布し、庶民を困惑させる ・明暦の大火による財政を補うため貨幣改鋳を行うが失敗
6代将軍徳川家宣	・生類憐みの令を廃止し、朱子学者の新井白石と側用人の間部詮房を登用し、政治を刷新
7代将軍徳川家継	・新井白石は幼い徳川家継を補佐し、天皇家と結んで将軍家の威信を高めるため、新たに閑院宮家を創設 ・元禄小判の金の含有率を改め、正徳小判を鋳造させて物価高騰を防止

❶ 6代将軍徳川家宣は、〔　〕を廃止した。　》　生類憐みの令

❷ 8代将軍徳川吉宗が実施したさまざまな幕政改革を〔　〕という。　》　享保の改革

❸ 寛政の改革では、〔　〕によって米を備蓄させた。　》　囲米

❹ 天保の改革では、〔　〕を発して出稼ぎ農夫の帰農を強制した。　》　人返しの法

❺ 水野忠邦は、株仲間の〔　〕を命じた。　》　解散

人文科学 **06** 日本史
近現代の戦争

重要 ## 1. 日清戦争

戦争名	日本史でのキーワード	内　容
日清戦争（1894〜95）	**甲午農民戦争**（東学党の乱）（1894年）	日本が朝鮮に経済進出すると、1894年に減税と排日を求める農民の大規模な蜂起が起こった
	原因	農民反乱で清国が朝鮮政府の要請を受けて出兵。日本が対抗して出兵。事件鎮圧後、内政改革をめぐり日清両国が対立
	結果（1895年）	日本の圧倒的勝利に終わり、日本側代表**伊藤博文**、**陸奥宗光**、清国側代表**李鴻章**の間で**下関**条約が締結
	下関条約	①清国の朝鮮独立の承認 ②遼東半島・台湾・澎湖諸島の日本への割譲 ③清国は賠償金2億両を日本に支払う ④沙市・重慶・蘇州・杭州の4港を開港
	三国干渉	日本の大陸進出を恐れた**ロシア**は、日本による**遼東半島**の領有は極東の平和を脅かすと主張し、**ドイツ**、**フランス**とともに日本に**遼東半島**の返還を要求→ロシアへの敵意増大
日清戦争後の中国分割		日清戦争の結果、清国の弱体化が暴露されると、三国干渉で清国に恩を売った**ロシア**、**ドイツ**、**フランス**は中国進出を開始。**イギリス**もこれに対抗して進出し、日本も加わった ・ロシア…旅順・大連 ・イギリス…威海衛・九龍半島 ・ドイツ…膠州湾（青島が中心） ・フランス…広州湾

※下関条約により獲得した多額の賠償金により、日本は金本位制を確立するとともに、八幡製鉄所の建設など軍備拡張を進めた。

90

戦争名	日本史でのキーワード	内　容
北清事変（1900年）と日英同盟	義和団の乱（1900年）	北京で「扶清滅洋」を唱える義和団が列国公使館包囲。外国人排斥の暴動が激化
	北清事変（1900年）	列国は日本軍を主力とする連合軍を派遣、鎮圧。清国との間に北京議定書を調印
	北京議定書（1901年）	列国は、清国に賠償金と列国軍隊の北京駐留権を認めさせた。ロシアは満州を事実上占領し、満州の独占的権益を清国に認めさせた
	日英同盟（1902年）	ロシアと妥協して日露協定を結ぼうという日露協商論（満韓交換論）と、日本と同様にロシアの南下を恐れるイギリスと同盟しようという日英同盟論が対立。外相小村寿太郎は日英同盟協約を締結した

重要 ## 2. 日露戦争

戦争名	日本史でのキーワード	内　容
日露戦争（1904〜05）	開戦（1904年）	ロシアは北清事変後も満州から撤退せず、韓国への勢力拡大を狙ったため、日本はロシアに宣戦布告し日露戦争が始まった
	ポーツマス条約（1905年）	日本は戦争を有利に進めていたが、多額の戦費の調達などが重なり国力はもはや限界であった。ロシアでも反戦運動が高まっていた。そこで、米大統領セオドア＝ローズヴェルトの仲介のもと、日本側全権小村寿太郎、ロシア側全権ヴィッテの間で締結された ①韓国に対する日本の指導・監督権を容認 ②旅順・大連の租借権を日本へ譲渡 ③長春以南の鉄道と付属権利を日本へ譲渡 ④北緯50度以南の樺太と付属の諸島を譲渡 ⑤沿海州とカムチャッカの日本の漁業権を容認
	韓国併合（1910年）	1909年ハルビンで伊藤博文が安重根に暗殺されたのを契機に、1910年韓国併合条約で韓国を日本領とした。韓国の名称は廃止され、朝鮮総督府を設置

※ポーツマス条約では賠償金を獲得できなかったことに対して国民の不満が高まり、日比谷焼打ち事件が起こった。

重要 3. 第一次世界大戦～太平洋戦争

戦争名	日本史でのキーワード	内容
第一次世界大戦（1914年〜18年）とその後	参戦の理由	日本は日英同盟を理由に連合国陣営に加わり、1914年ドイツに宣戦布告し、山東省のドイツ領青島と赤道以北のドイツ領南洋諸島の一部を占領
	二十一カ条の要求（1915年）	政府は中国の袁世凱政府に二十一カ条の要求を突きつけて大部分を承認させた
	政党政治の終わり	1931年に陸軍による三月事件、十月事件と2度のクーデター未遂事件が起こり、さらに1932年に海軍青年将校らが首相犬養毅を暗殺する五・一五事件が起きた
	満州事変（1931年）	清国の奉天郊外の柳条湖で南満州鉄道爆破事件が起こり、これを契機に関東軍は軍事行動を起こし、東三省を武力占領した
	軍部の台頭	陸軍では皇道派と統制派が対立し、皇道派の一部将校が蔵相高橋是清、内大臣斎藤実を殺害しクーデターを企てたが、失敗に終わった（二・二六事件）
	思想弾圧	軍部は、その独裁体制を強化するため、社会主義や共産主義を厳しく弾圧
	盧溝橋事件（1937年）	北京郊外で日中両軍の軍事衝突が発生し（盧溝橋事件）、のち日中戦争へと発展
太平洋戦争（1941年〜45年）	開戦（1941年）	アメリカが対日石油禁輸措置を実施すると、開戦を主張する東条英機内閣は真珠湾への奇襲攻撃を実施し太平洋戦争が開始された
	終戦（1945年）	アメリカは広島と長崎に原子爆弾を投下し、ソ連は日ソ中立条約を破棄して宣戦を布告した。それを受けて日本は8月14日にポツダム宣言を受諾し終戦

※二十一カ条の要求は、内容が厳しすぎると中国国民の反発のみならず国際問題まで発展したが、政府は強硬に推進した。

太平洋戦争への経緯は、内閣と内政・外交政策をあわせて覚えるのが効果的。

4. 現代の戦争

戦争名	内容
朝鮮戦争 （1950年〜53年）	第二次世界大戦後、朝鮮半島は北緯38度線で二分され、北にソ連が支持する朝鮮民主主義人民共和国、南にアメリカが支持する大韓民国が成立し、対立が激化。日本経済は朝鮮戦争の特需景気によって戦前の水準に回復した
第4次中東戦争 （1973年）	イスラエルとアラブ諸国の間で第4次中東戦争が勃発すると、OAPEC（アラブ石油輸出国機構）は、欧米・日本に対する石油輸出制限を実施し、続いてOPEC（石油輸出国機構）が原油価格を4倍に引き上げたため狂乱物価を招き、国内では第1次石油危機（石油ショック）が起こった
湾岸戦争 （1991年）	クウェートに侵攻したイラクに対して、アメリカ軍を主力とする多国籍軍が武力制裁を実施。国際貢献に迫られた日本は多国籍軍に多額の資金援助を行うとともに、続発する地域紛争において国連平和維持活動（PKO）へ参加

一般知識　人文科学

日本史

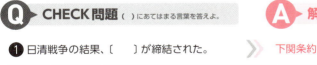

① 日清戦争の結果、〔　〕が締結された。　　▶ 下関条約

② ロシアに対抗し、日本はイギリスと〔　〕を締結した。　　▶ 日英同盟

③ 第一次世界大戦では、日本は清国内の〔　〕を攻撃した。　　▶ ドイツ領

④ 1932年5月15日に、海軍青年将校を中心とする軍人が首相〔　〕を暗殺した。　　▶ 犬養毅

⑤ 第二次世界大戦は、日本が〔　〕宣言を受諾して終結した。　　▶ ポツダム

93

人文科学 **07** 日本史

日本社会（戦後〜）

1. 占領下の民主化政策

● 1945年、幣原喜重郎内閣はGHQ（連合国軍最高司令官総司令部）の指示のもと、次のような民主化政策を実施した。

民主化政策	内　容
衆議院議員選挙法改正	選挙資格を20歳以上の男女とし、初めて**婦人代議士**が誕生
労働組合結成の助長	**労働組合**法が制定され、労働者の団結権、団体交渉権、**団体行動**権を保障
教育制度の自由化	アメリカ教育使節団の勧告により**教育基本**法が制定（1947年）され、**義務教育**は9年とされた
財閥解体	三井、三菱など**15財閥**の資産の凍結・解体が命じられ、**財閥解体**がはかられた
圧政的諸制度の撤廃	**治安維持**法および**治安警察**法が撤廃され、特別高等警察を廃止

2. 占領下の経済政策

● 1948年、吉田茂内閣とGHQは日本の経済力を弱める政策を改め、再建と自立を求めた。

民主化政策	内　容
経済安定9原則	戦後の超インフレをおさえるため、予算の均衡、徴税の強化、物価の統制などの実行を指示
ドッジ＝ライン（1949年）	GHQの財政顧問ドッジが**経済安定9原則**を具体化した緊縮財政政策
シャウプ勧告	ドッジ＝ラインを税制面から裏づけるため、シャウプを中心とする税制使節団による日本の税制改革に関する勧告。**直接税**中心の税制、申告納税制の採用、地方財政の強化など、日本の税制の原点となる

3. 冷戦の開始と国際社会への復帰

キーワード	内容
冷戦の開始 (アメリカとソ連の対立)	1949年に西側諸国は北大西洋条約機構（NATO）を結成し、1955年に東側諸国はワルシャワ条約機構（WTO）を結成。以降、長い冷戦の時代に突入する
朝鮮戦争（1950年）	朝鮮半島で北朝鮮と韓国の戦争が勃発。日本は特需景気となる。アメリカに対し、日本の独立を促進させる契機となった
サンフランシスコ平和条約（1951年）	第3次吉田茂内閣は連合国48か国と講和条約を結び、これにより日本は主権を回復
55年体制	1955年自由民主党が与党第1党として政権を維持し、野党第1党として日本社会党が占めていた体制をいう
高度経済成長 (1950年代〜60年代)	1950年後半以降の世界経済の好況を反映し、大規模な設備投資と積極財政により、神武景気、岩戸景気が訪れた
国民所得倍増計画	1960年第2次池田勇人内閣は、「国民所得倍増計画」を打ち出し、経済成長を推進
公害問題	工場廃棄物がもたらす大気汚染や水質汚濁が原因で深刻な公害が発生し、全国で公害訴訟が提起された。水俣病（熊本県）、新潟水俣病（新潟県）、イタイイタイ病（富山県）、四日市ぜんそく（三重県）の公害訴訟を四大公害訴訟と呼ぶ

一般知識　人文科学　日本史

CHECK問題 （　）にあてはまる言葉を答えよ。　　**解答**

❶ 〔　　〕が制定され、義務教育は9年とされた。　》　教育基本法

❷ 〔　　〕は、経済安定9原則を具体化した政策である。　》　ドッジ＝ライン

❸ 〔　　〕は、日本に特需景気をもたらした。　》　朝鮮戦争

❹ 1951年、日本は〔　　〕に調印し、主権を回復した。　》　サンフランシスコ平和条約

❺ 1960年、池田勇人内閣は〔　　〕計画を立てた。　》　国民所得倍増

人文科学 **08** 日本史
外交史（開国〜昭和初期）

1. 江戸時代末期の外交史

● **異国船打払令**（1825年）…フェートン号事件（1808年）を契機に、幕府は異国船打払令を発令し、アメリカの商船**モリソン号**を撃退〔**モリソン号**事件（1837年）〕。

● **薪水給与令**（1842年）…清国がアヘン戦争でイギリスに敗れ、南京条約を締結したことを契機に、幕府は異国船打払令を緩和して、**薪水給与令**を発令した。

● **日米和親**条約（1854年）…**下田・箱館**の開港、アメリカに片務的**最恵国待遇**を与える。当事者はペリーと大学頭の林韑。

● **日米修好通商**条約（1858年）…**領事裁判権**をアメリカに認める、**関税自主権**が日本にないなどの不平等な条約。当事者はハリスと井上清直、岩瀬忠震。

● 貿易の開始（1859年）…**日米修好通商**条約にもとづき、横浜・長崎・箱館で貿易が始まる。

2. 明治時代の外交史

● 岩倉使節団（1871〜73年）…**岩倉具視**を大使とする使節団を米欧に派遣。

● 日清修好条規（1871年）…日清両国が締結した最初の**平等条約**。

● 日朝修好条規（1876年）…日本が朝鮮に強要した最初の**不平等条約**。

● 日英通商航海条約（1894年）…陸奥宗光は、**領事裁判権**の撤廃に成功。

● 韓国併合（1910年）…**伊藤博文**暗殺を契機に、韓国を日本領とした。

● 日米通商航海条約の改正（1911年）…小村寿太郎は、**関税自主権**の完全回復に成功。

3. 大正時代の外交史

- シベリア出兵（1918〜22年）…**ロシア革命**で誕生したソヴィエト政権に対して干渉。
- 国際連盟参加（1920年）…日本はイギリス、フランス、イタリアとともに**常任理事国**となる。

4. 昭和時代の外交史

- ロンドン海軍軍縮条約（1930年）…浜口雄幸内閣は、外相幣原喜重郎のもとに協調外交（**幣原外交**）を進める。
- 国際連盟脱退（1933年）…**斎藤実**内閣は、満州からの撤兵を勧告する国際連盟に脱退を通告。

条約の名称と内容はしっかり覚えよう！

CHECK問題 （　）にあてはまる言葉を答えよ。　解 答

❶〔　　〕では、日本の関税自主権が認められなかった。　　　⇒　日米修好通商条約

❷ 陸奥宗光は、〔　　〕の撤廃に成功した。　　　⇒　領事裁判権

❸ 小村寿太郎は、〔　　〕の完全回復に成功した。　　　⇒　関税自主権

❹ 国際連盟に参加した日本は、〔　　〕とともに常任理事国となった。　　　⇒　イギリス、フランス、イタリア

❺〔　　〕内閣は、国際連盟に脱退を通告した。　　　⇒　斎藤実

97

人文科学 01 世界史
ルネサンス

重要 1. 背景と特徴

- ルネサンス…14世紀にイタリアで始まり、西欧各地でみられた文化運動。時代区分として14〜16世紀の時代を指すこともある。

背　景	・北イタリア（中心はフィレンツェ）の諸都市から興る。地中海に面し、東方貿易により経済的に繁栄していた ・メディチ家などの大商人が文芸を奨励。多くの芸術家、学者、文人を輩出
特　徴	・ルネサンス…「再生」を意味する語（仏語）。「文芸復興」とも訳される ・古代ギリシア・ローマ文化を模範とする ・ヒューマニズム（人文主義）。人間のありのままの姿、欲望や裸の姿を肯定 ・神や教会を中心とした中世的な世界観から脱却し、人間中心の世界観へ

> 火薬、羅針盤、活版印刷術（独：グーテンベルク）は、ルネサンス期の三大発明（改良）。あわせて覚えよう！

重要 2. 文芸・美術

人　物	国	主著、おもな作品など
ダンテ	イタリア	『神曲』（トスカナ語の大叙事詩）
ブラマンテ	イタリア	『サン＝ピエトロ大聖堂』
レオナルド＝ダ＝ヴィンチ	イタリア	自然科学にもすぐれた（万能人） 『最後の晩餐』『モナ・リザ』
ミケランジェロ	イタリア	『ダヴィデ像』『最後の審判』『天地創造』『ピエタ』『モーセ』
ラファエロ	イタリア	『聖母子像』『アテネの学堂』

※サン（聖）＝ピエトロ大聖堂…ブラマンテの設計で改築が始まり、ミケランジェロやラファエロの手を経て完成した。

3. 思想・政治学・科学

人物	国	主著、おもな作品など
エラスムス	ネーデルラント	『痴愚神礼讃』(聖職者の悪徳を風刺)
トマス＝モア	イギリス	『ユートピア』(私有財産制を批判)
モンテーニュ	フランス	『エセー(随想録)』(ク＝セ＝ジュ、懐疑論)
マキャベリ	イタリア	『君主論』(獅子の勇猛と狐の狡知)
コペルニクス	ポーランド	『天球回転論』(地動説を主張)
ガリレオ＝ガリレイ	イタリア	『天文対話』(天体観測→地動説を確信)

マキャベリは政治を宗教や道徳から切り離して考え、これが近代的な政治学の始まりとされるよ。

CHECK問題 ( )にあてはまる言葉を答えよ。　解答

❶ ルネサンス期の基本的な思想を〔　〕という。　≫　ヒューマニズム（人文主義）

❷ イタリア＝ルネサンスの中心都市は〔　〕である。　≫　フィレンツェ

❸ 活版印刷術は、ドイツ人の〔　〕が発明した。　≫　グーテンベルク

❹ 〔　〕は、『痴愚神礼讃』の著者である。　≫　エラスムス

❺ 〔　〕は、『最後の晩餐』の作者である。　≫　レオナルド＝ダ＝ヴィンチ

人文科学 **02** 世界史
大航海時代

1. 背景と特徴

- **大航海時代**…15世紀から17世紀にかけて、ヨーロッパ人がインド洋や大西洋地域などへの進出を開始した時代。
- **東洋への関心（十字軍以来）**…**マルコ゠ポーロ**の『**世界の記述（東方見聞録）**』が刺激となる。
- **科学技術の進歩（羅針盤の改良、航海術・火器の発達）**
  …**トスカネリ**らが**地球球体**説を主張して世界地図を作製。

重要 ## 2. インド航路の開拓

- バルトロメウ゠ディアス（1488年）…ジョアン2世の命を受け、**アフリカ**南端の**喜望峰**（嵐の岬）に到達。
- ヴァスコ゠ダ゠ガマ（1498年）…**カリカット**に到達（インド航路の開拓）、**香辛料**の取引のほか、ゴアを拠点にアジア貿易へ参入。**オスマン**帝国を経由しない取引を実現。

重要 ## 3. 新大陸の発見

- コロンブス（1492年）…スペイン女王（**イサベル**）の援助を得て出発。**西インド**諸島の**サンサルバドル**（現在のバハマ）に到達。しかし、ここをインドと勘違いし、島民をインディオと呼んだ。
- アメリゴ゠ヴェスプッチ（1497〜1504年）…ブラジル海岸などの**南アメリカ大陸**を4回探検。新大陸であることを確認した。
- バルボア（1513年）…パナマ地峡を横断し、**太平洋**に到着。
- マゼラン（1519〜22年）…スペイン王の命令で出発し、**南アメリカ**南端の海峡（マゼラン海峡）を通過。**太平洋**を横断して**フィリピン**諸島に到達するが、セブ島対岸のマクタン島の首長ラプラプに殺される。残った部下たちはスペインに帰国し、史上初の**世界周航**を達成。**地球球体**説を実証する。

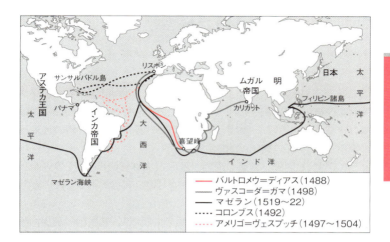

マゼラン自身は世界周航をしていない。
太平洋は、マゼランには「平和な海」、
バルボアには「南の海」と名づけられたよ。

一般知識 人文科学 世界史

Q CHECK問題 （　）にあてはまる言葉を答えよ。　　A 解答

❶ ジョアン2世の命で、〔　〕が喜望峰に到達した。　≫　バルトロメウ＝ディアス

❷ 〔　〕はカリカットに到着し、インド航路を開拓した。　≫　ヴァスコ＝ダ＝ガマ

❸ 〔　〕は、サンサルバドル島に到達した。　≫　コロンブス

❹ 〔　〕は、太平洋を横断、フィリピン諸島に到達した。　≫　マゼラン

❺ 〔　〕は、南アメリカ大陸を4回探検した。　≫　アメリゴ＝ヴェスプッチ

人文科学 **03** 世界史
宗教改革

重要　1. ルターの宗教改革

- **宗教改革**…16世紀ヨーロッパで起きた、カトリックへの批判・改革運動。
- **九十五カ条の論題**…贖宥状（免罪符）の販売を批判。魂の救済と贖宥状は無関係である、と唱えた。
- **ライプツィヒ討論**…教皇の権威を否定。「人は**信仰**によってのみ**義とされる**」（**信仰義認**説）とし、神のことば（**聖書**）にのみ従う**聖書中心**主義をとった。
- **ドイツ農民**戦争（1524〜25年）…目的は農奴制・領主制の廃止。当初、ルターは反乱を支持したが、ミュンツァーらの指導者が過激な行動をとるようになると、諸侯（領主）を支持した。
- **アウクスブルクの宗教和議**（1555年）…新教のなかでルター派のみ公認。諸侯にカトリックかルター派か選択する権利を認めた。ただし、**カルヴァン**派や**個人**の信仰の自由は認められなかった。

重要　2. カルヴァンの宗教改革

- **予定**説…人間の救済は、神があらかじめ定めたもの。魂の救いは、人間の意志や善行と無関係。
- **福音主義**（聖書主義）…**信仰**は聖書が基準であり、救済は**信仰**によってのみ得られる。
- **職業召命**観（**職業**は神から与えられた天職）…**職業**を神聖化する考えで、倹約を義務とし、禁欲的勤労としての**蓄財**を認めた。
- **カルヴィニズム**…**ピューリタン**（英）、**ユグノー**（仏）、ゴイセン（蘭）など、商工業者を中心に、新興市民層に急速に広まった。
- **マックス＝ウェーバーの分析**…著書『プロテスタンティズムの倫理と資本主義の精神』で、「**予定**説のもとで人々が救いの証を得るため、**職業**に励み、禁欲的な生活を送り、利潤を蓄積したことが、**資本**の形成につながり、近代**資本**主義の精神を生む要因となった」とした。

3. イギリスの宗教改革

- **英国国教会**の創設…離婚問題で教皇と対立したことがきっかけで、ヘンリ8世は国王至上法（首長法）を発布。自ら**英国国教会**の**首長**であることを宣言し、教皇と絶縁した（1534年）。
- **英国国教会**の確立（1559年）…エリザベス1世は**統一**法を発布し、**英国国教会**を確立した。

4. 対抗宗教改革（反宗教改革）

- **トリエント公会議**（1545〜63年）…旧教側が教会の刷新をはかる。
- **イエズス会**（ジェズイット教団）の結成（1534年）…イグナティウス=ロヨラや**フランシスコ=ザビエル**らが結成、教皇の権威回復を目的に布教活動を行った。

> シュパイエル帝国議会（1529年）以後、旧教徒をカトリック、新教徒の各派をまとめてプロテスタント（抗議する人）と呼ぶようになったよ。

Q CHECK 問題 （ ）にあてはまる言葉を答えよ。　　**A 解答**

❶ 〔　　〕は、「九十五カ条の論題」を発表した。 ≫ ルター

❷ 〔　　〕の宗教思想は、予定説を基本とし、禁欲と勤勉を説いた。 ≫ カルヴァン

❸ 〔　　〕は国王至上法を定め、英国国教会を創設した。 ≫ ヘンリ8世

❹ 〔　　〕は統一法を発布して、英国国教会を確立した。 ≫ エリザベス1世

❺ 旧教側は、対抗宗教改革の1つとして〔　　〕を設立した。 ≫ イエズス会

人文科学 **04** 世界史
宗教戦争

1. ユグノー戦争（1562 〜 98年）

● **ユグノー戦争**…フランスの宗教内乱。プロテスタント（新教）とカトリック（旧教）が対立した。この内乱でヴァロア朝が断絶し、ブルボン家のアンリ4世が即位。**ユグノー**（フランスのプロテスタント）に大幅な信教の自由を認めた。

● **サンバルテルミの虐殺（1572年）**…シャルル9世の母后カトリーヌ=ド=メディシスの策謀により、**新教**徒が**旧教**側の奇襲を受け、数千人が殺された。

● **ナントの勅令（1598年）**…**個人**の信仰の自由を認めた。アンリ4世は国内統一の必要性から、自ら**旧教**に改宗し、**新教**徒に**旧教**徒とほぼ同等の権利を与えた。

2. 三十年戦争（1618 〜 48年）

● **三十年戦争**…ドイツを中心とする宗教戦争。フランス（**ブルボン**家）の参戦により、スペイン・オーストリア（**ハプスブルク**家）との対立が表面化した。新旧両派の宗教的対立から、ヨーロッパの覇権をめぐる国際紛争に発展した。

● **戦争の発端**…オーストリアの属領**ベーメン**（ボヘミア）の新教徒が、ハプスブルク家出身の王であるフェルディナント（旧教派）の圧政に対して反乱。

● **戦争の特色**…**神聖ローマ**帝国内での新旧両派の宗教的対立。**新教**側の援助を名目に**スウェーデン**や**デンマーク**が参戦。政治的色彩が強くなった。

● **フランスの参戦（1635年）**…**ハプスブルク**家打倒のため、**新教**側に立って参戦。戦争の宗教的性格が薄れ、国家間の勢力争いが前面に出てきた。

- **ウェストファリア条約（1648年）**…**カルヴァン**派の承認、スイス・オランダ独立の国際的な承認、ドイツ諸領邦の主権が完全承認され、**神聖ローマ**帝国は有名無実化した。
- **戦後のドイツ**…領邦の主権確立により、ドイツの分裂が決定的になった。戦乱により、人口は激減。国土が荒廃し、近代化が遅れた。

> 三十年戦争は、新旧両派の宗教的対立から、
> ヨーロッパの覇権をめぐる国際紛争に発展したよ。

一般知識　人文科学

世界史

CHECK問題 （　）にあてはまる言葉を答えよ。　解答

① フランスで起こった新旧両派の内乱を〔　〕戦争という。　　ユグノー

② アンリ4世は自ら旧教に改宗し、〔　〕を発した。　　ナントの勅令

③ 三十年戦争は、〔　〕を中心とした最大の宗教戦争である。　　ドイツ

④ 三十年戦争は、〔　〕が参戦したことで国際紛争となった。　　フランス

⑤ 三十年戦争は、〔　〕条約で終結した。　　ウェストファリア

人文科学 **05** 世界史
絶対王政

1. 絶対王政の構造

- **王権**への集権化が進んだ政治体制で、中央集権の国家体制。
- 絶対王政を正当化するイデオロギーである、**王権神授**説が理論的根拠。
- 経済政策として**重商主義**政策を展開。

重要 ## 2. スペイン

- カルロス1世（1516〜56年）
  ①**ハプスブルク**家の絶頂期の王。退位後、同家はスペイン系とオーストリア系に分裂した。
  ②神聖ローマ皇帝（カール5世）に選出された（1519年）。
- フェリペ2世（1556〜98年）
  ①**レパントの海戦**（1571年）で**オスマン**帝国を撃退した。
  ②ポルトガルを併合（海外植民地も支配）。「太陽の没することのない帝国」を実現。
  ③**アルマダ**戦争（1588年）で無敵艦隊（**アルマダ**）が**イギリス**海軍に敗退。国際間の優位を失う。

重要 ## 3. イギリス

- エリザベス1世（1558〜1603年）
  ①テューダー朝最後の王。**統一**法を発布し、英国国教会を確立した。
  ②**重商主義**政策を推進し、**毛織物**工業の育成や**東インド会社**を設立。
  ③物価の高騰を抑止し、貨幣改鋳と幣制を統一した（**グレシャム**「悪貨は良貨を駆逐する」）。
  ④救貧法の発布により農民を救済した。

重要 ## 4. フランス

● **ルイ14世（1643 ～ 1715年）**

①王の幼少期を支えた宰相 **マザラン**は、フロンドの乱を鎮圧し、**三十年**戦争を処理した。

②マザランの死後、**王権神授**説をとって親政を開始。「朕は国家なり」（太陽王）。

③**重商主義**政策を推進。財務総監**コルベール**は王立マニュファクチュアの設立や東インド会社の再建などを進めた。

④**南ネーデルラント継承**戦争（1667 ～ 68年）…スペイン、イギリス、オランダと戦った。

⑤**オランダ侵略**戦争（1672 ～ 78年）…オランダ、イギリス、スペイン、オーストリアと戦った。

⑥**ファルツ（継承）戦争**（1688 ～ 97年）…アウクスブルク同盟（神聖ローマ帝国・スペイン・オランダ・イギリス）と戦った。

⑦**スペイン継承**戦争（1701 ～ 13年）…オーストリア、イギリス、オランダと戦い、**ユトレヒト**条約で講和（オーストリアとの講和条約は、ラシュタット条約）。

5. プロイセン（プロシア）

● **フリードリヒ＝ヴィルヘルム1世（1713 ～ 40年）**

①兵隊王。**ユンカー**（地主貴族）の子どもを将校に育成。

②財政改善、軍備増強、官僚組織の整備に努め、軍事的絶対王政の基礎を確立した。

● **フリードリヒ2世（1740 ～ 86年）**

①大王。**啓蒙専制**君主、「君主は国家第一の下僕」。

②産業育成や教育の充実（上からの近代化）。

③**オーストリア継承**戦争、**七年**戦争で**シュレジエン**を奪い領土を拡大。ポーランド分割にも参加した。

107

6. オーストリア

● マリア=テレジア（1740〜80年）

①**ハプスブルク**家の全領土を継承。バイエルン・ザクセン両選帝侯は、女性であることを理由に王位継承に異議を唱え、スペイン・フランスと手を組んだ。

②**オーストリア継承**戦争（1740〜48年）…イギリスが味方となりバイエルン、ザクセン、スペイン、フランス、プロイセンと戦う。

③アーヘンの和約では、女王の継承権は認められたが、プロイセンに**シュレジエン**を割譲した。

④宰相カウニッツは内政整備と戦力増強で**シュレジエン**の回復を目指した。

⑤**ハプスブルク**家と**ブルボン**家の提携という**外交革命**により、プロイセンの孤立化をねらった。

⑥**七年**戦争（1756〜63年）…プロイセンはイギリスと結び、オーストリアに侵入。オーストリアはフランス、ロシア、スペイン、スウェーデンなどの援助を得て対抗。

⑦フベルトゥスブルク条約により、プロイセンの**シュレジエン**領有を確認。プロイセンは**ドイツ**の中心国家となる。

7. ロシア

● ピョートル1世（1682〜1725年）

①「大帝」として軍備拡張、西欧化政策を推進。

②**シベリア経営**では要所に都市を建設。清国と衝突し、**ネルチンスク**条約を締結した。

③**北方**戦争（1700〜21年）…デンマーク・ポーランドと結び、スウェーデンと戦う。この間、新首都**ペテルブルク**を建設。

④ニスタット条約によりスウェーデンは覇権を失う。ロシアはバルト海沿岸を獲得。

108

- エカチェリーナ2世（1762〜96年）
  ①積極的な対外政策（南下政策）を展開。オスマン帝国から**クリミア**半島を奪い、黒海に進出。東方進出では、日本に使節**ラクスマン**を派遣した。
  ②**啓蒙専制**君主として、近代化を推進。学芸の保護、教育制度改革、法整備を行った。
  ③**プガチョフ**の農民反乱（1773〜75年）を鎮圧後、反動化して農奴制を強化した。

> 各国の王の名前と政策・戦争などをしっかり覚えよう。
> プロイセンとオーストリアの関係には要注意！

8. オランダ

- **オランダ独立**戦争（1568〜1609年）…フェリペ2世（スペイン）の旧教化政策にゴイセンらが対抗。
- **ユトレヒト**同盟（1579年）…イギリスが援助。南部10州（現在のベルギー）脱落後、北部7州で結成。
- **ネーデルラント**連邦共和国の建設（1581年）…**オラニエ公ウィレム**を初代総督として、独立を宣言。

CHECK問題 （ ）にあてはまる言葉を答えよ。

解答

❶ スペインの〔　〕は、オスマン帝国をレパントの海戦で破った。 ≫ フェリペ2世

❷ イギリスのエリザベス1世は、〔　〕会社を設立した。 ≫ 東インド

❸ フランスのルイ14世は、財務総監に〔　〕を起用した。 ≫ コルベール

❹ プロイセンの〔　〕は、シュレジエンの領有をめぐり、オーストリアと戦った。 ≫ フリードリヒ2世

❺ ロシアの〔　〕は、大帝の事業を受け継ぎ、対外政策を展開した。 ≫ エカチェリーナ2世

人文科学 06 世界史

イギリスの市民革命

1. ステュアート朝の専制政治

- **市民革命**…市民階級（ブルジョワ）が絶対王政を打倒して、近代市民社会を成立させた政治的・社会的変革。
- **ジェームズ1世（1603～25年）**
  ① **エリザベス1世**の死後、スコットランドから迎えられる。
  ② **王権神授**説を唱えて議会を無視。カルヴァン派の**ピューリタン**（清教徒）を弾圧。国教を強制し、専制的支配を強化した。
- **チャールズ1世（1625～49年）**
  ① 父の政策を受け継ぎ、専制政治を続けた。これに対して議会は、**権利の請願**（1628年）を提出。国民の基本的権利、議会の同意がない課税、不法逮捕の禁止を要求した。
  ② チャールズ1世は要求を一時認めたが、課税問題で議会と対立。議会を解散し、専制政治を続行した。

重要 2. ピューリタン革命（1640～49年）

- **王党派と議会派の対立**…当初は王党派が優勢。しかし**クロムウェル**（議会内の**独立**派の指導者）率いる鉄騎隊の活躍により、次第に議会派が優勢になった。
- **ネーズビーの戦い（1645年）**…王党派を撃破し、戦局を決定。**チャールズ1世**は逮捕された。

> ピューリタン革命は、武力闘争による革命。
> 名誉革命との比較がポイント！

110

3. 共和政(1649〜60年)

- 議会内の対立…**独立**派(議会主権)と**長老**派(立憲君主制)。**独立**派は、穏健な**長老**派を議会から追放。**チャールズ1世**を処刑し、**共和政**(コモンウェルス)を樹立。
- アイルランド・スコットランド征服(1649年)…アイルランドを植民地化。
- **航海**法(1651年)…**重商主義**政策の一環。オランダに打撃を与える。三次にわたる**イギリス=オランダ**(英蘭)戦争が起きたが、イギリスが勝利して海上覇権を手中に収めた。
- **クロムウェル**の軍事独裁…終身の**護国卿**に就任(1653年)。厳格なピューリタニズム(清教徒主義)を実施した。

共和政は、イギリス史上で唯一、
国王がいなかった時代なので注意しよう。

4. 王政復古

- チャールズ2世(1660〜85年)
  ① **クロムウェル**の死後、王に即位(王政が復活)。議会尊重、信仰の自由を約束。
  ② 専制政治を展開し**カトリック**の復活をはかる。**ルイ14世**とドーヴァーの密約(1670年)を結んだ。
  ③ 当初、チャールズ2世は議会尊重や信仰の自由を約束したが、即位後に専制化し、カトリックを擁護した。議会はこれに対抗するため、審査法や人身保護法を制定した。
  ④ 議会が制定した**審査**法(1673年)により、特に**カトリック**を排除。公職就任者は**国教**徒に限定された。
  ⑤ 議会が制定した**人身保護**法(1679年)により、王の専制化を防ぎ、法によらない逮捕・裁判を禁止した。

5. 政党の成立

- ジェームズ2世（1685～88年）
  ① 王位継承をめぐり、2つの党派が誕生した。
  ② トーリ党（王権擁護）は、後の保守党。貴族や地主を代表とし、国教徒以外のピューリタンを排斥する一方、カトリック教徒には寛大だった。
  ③ ホイッグ党（議会主義）は、後の自由党。有産市民層が支持し、新教徒を擁護した。
  ④ ジェームズ2世はトーリ党の援助で王に即位。前王にもまして旧教的な反動政治を展開した。

重要 6. 名誉革命（1688～89年）

- **ジェームズ2世**の廃位…ジェームズ2世はフランスに亡命。議会は王を廃して、新教徒の王女メアリとその夫オラニエ公ウィレム3世（オランダ総督）を国王として招いた。
- 新王の即位（1689年）…夫妻は**メアリ2世**、**ウィリアム3世**として即位。議会が提出した**権利の宣言**を受け入れた。

> 名誉革命は、国王が戦わずに亡命したので、
> 一滴の流血もみなかった（無血革命）。武力闘争ではないよ。

重要 7. 議会政治の確立と発展

- **権利の章典**（1689年12月）…**権利の宣言**を法文化。議会主権を明確にした（イギリス立憲政治の原点）。
- **ハノーヴァー朝の成立**…**ジョージ1世**が国王に迎えられる。
- **責任内閣**制の成立…初代首相はホイッグ党の**ウォルポール**。議会の**多数**派が**内閣**を組織し、**王**ではなく議会に**責任**を負うことを明確にした（「**王**は君臨すれども**統治**せず」）。

8. イギリス議会の特徴

- 上院…世襲貴族や聖職者、国王が任命する高官など。
- 下院…制限選挙による選出。地方の貴族や都市の有産市民(ブルジョワ)だけの選挙だった。
- 性格…二院制ではあるものの、貴族的な性格が強かった。

9. イギリスの中央銀行

- イングランド銀行創設(1694年)…資本主義の発展とともに、世界の金融界を支配する存在となった。

一般知識　人文科学

世界史

	CHECK問題 ( )にあてはまる言葉を答えよ。	解答
❶	議会は、国王の独断による課税や不当逮捕の停止を求めて〔　〕を国王に提出した。	権利の請願
❷	〔　〕革命で、議会派を指導したのはクロムウェルである。	ピューリタン
❸	独立派のクロムウェルはチャールズ1世を処刑し、〔　〕を樹立した。	共和政
❹	〔　〕革命とは、流血も大きな混乱もない政変をいう。	名誉
❺	〔　〕は責任内閣制を明確にし、議院内閣制の確立に努めた。	ウォルポール

113

人文科学 **07** 世界史
産業革命

1. イギリス産業革命の背景と社会的影響

- **機械化**による工業生産力の飛躍的増大。
- 社会構造の変化（**資本**家と**労働**者の対立）。
- 労働問題・社会問題の発生。

重要 2. 綿工業での発明

人 物	国	発明品など
ジョン＝ケイ	イギリス	飛び杼（織布工程の装置）…綿織物の生産量が急増
ハーグリーヴズ	イギリス	ジェニー（多軸）紡績機
アークライト	イギリス	水力紡績機（ジェニー紡績機の改良）
クロンプトン	イギリス	ミュール紡績機（良質の綿糸を大量生産） …ジェニー・水力紡績機の長所を結合させたもの
カートライト	イギリス	力織機（蒸気機関を動力とする）
ホイットニー	アメリカ	綿繰機（アメリカ南部の綿花栽培が増大） イギリスに大量の原綿を輸出した

産業革命は、伝統的な羊毛（毛織物）工業ではなく、
（木）綿工業から始まったことに注意しよう。

重要 3. 動力革命・交通革命

人物	国	発明品など
ニューコメン	イギリス	蒸気機関（炭坑の排水ポンプの動力用）
ワット	イギリス	ニューコメンの蒸気機関を改良 … 綿工業の動力として利用
フルトン	アメリカ	世界初の外輪式蒸気船（クラーモント号）
トレヴィシック	イギリス	世界初の軌道式蒸気機関車
スティーヴンソン	イギリス	蒸気機関車の実用化

産業革命により、イギリスの工業力は圧倒的となり、「世界の工場」と呼ばれるようになったよ。

一般知識 人文科学 世界史

CHECK問題 ( )にあてはまる言葉を答えよ。　解答

❶ イギリスの産業革命は、〔　〕から始まった。　≫　（木）綿工業

❷〔　〕は、飛び杼を発明した。　≫　ジョン＝ケイ

❸〔　〕は、蒸気機関を動力とする力織機を発明した。　≫　カートライト

❹〔　〕は、蒸気船を発明した。　≫　フルトン

❺〔　〕は、実用蒸気機関車を開発した。　≫　スティーヴンソン

115

人文科学 **08** 世界史
アメリカの独立

1. 植民地建設時代
- **13**の植民地（イギリス領）が18世紀までに成立していた。
- **ピルグリム=ファーザーズ**（巡礼始祖）…**ピューリタン**の一団がメイフラワー号で**プリマス**に上陸。ニューイングランド（北アメリカ東北部一帯）の基礎をつくる。

重要
2. イギリス本国の植民地政策
- **重商主義**政策…本国の産業を保護。植民地側の商工業の発展を抑えることが目的。
- **フレンチ=インディアン**戦争（**七年戦争**）…イギリスは**フランス**に圧勝したが財政難に陥り、植民地への課税政策の強化がなされる。
- **印紙**法（1765年）…あらゆる印刷物への課税を定めた法律。翌年に撤廃。植民地側のスローガンは「代表なくして課税なし」。
- **茶**法（1773年）…**茶**法への反発で**ボストン茶会**事件（東インド会社を襲撃）が起きた。イギリス本国は港を閉鎖し、弾圧的諸法を制定。

重要
3. 独立戦争
- **レキシントン**とコンコードでの武力衝突（1775年4月）を発端に独立戦争が始まった。植民地側は、**ワシントン**を総司令官に任命。
- **トマス=ペイン**（英）…著書『**コモン=センス**（常識）』（1776年1月）で独立の必要性を訴え、世論を盛り上げる。
- **第2回大陸会議**（1776年7月）…**ジェファソン**が起草した「**独立宣言**」をフィラデルフィアで発表。
- **サラトガの戦い**（1777年）…植民地側が勝利。これを機に、**フランス**、スペイン、オランダが参戦（アメリカ側に立つ）。
- **武装中立同盟**（1780年）…**エカチェリーナ2世**（露）が提唱。北欧を中心として、イギリスを国際的に孤立させた。

116

重要 4. アメリカの成立

- ヨークタウンの戦い（1781年）…アメリカ側の勝利が事実上確定。
- **パリ**条約（1783年）…イギリスは**13**ある植民地の完全独立を承認。ミシシッピ川以東のルイジアナを割譲した。
- **合衆国憲法**の制定（1787年）…フィラデルフィアで憲法制定会議を行った。合衆国憲法は、世界初の近代的・民主的な**成文**憲法。人民主権、連邦主義と、厳格な**三権分立**を採用。
- 連邦政府の発足（1789年）…第1回連邦会議が開催され、初代大統領**ワシントン**、初代財務長官ハミルトンが就任。
- アメリカの独立は、フランス革命やラテンアメリカの独立運動にも大きな影響を与えた。

これらの大変革を「大西洋革命」というよ。

一般知識　人文科学　世界史

	CHECK問題 （　）にあてはまる言葉を答えよ。	解答
❶	植民地側は印紙法に反対し、〔　〕を合言葉に撤廃させた。	「代表なくして課税なし」
❷	1773年、茶法に反対して〔　〕事件が起こった。	ボストン茶会
❸	ジェファソンの起草した〔　〕はフィラデルフィアで発表された。	独立宣言
❹	〔　〕とコンコードで武力衝突が生じ、独立戦争が始まった。	レキシントン
❺	〔　〕条約が結ばれ、イギリスはアメリカの独立を承認した。	パリ

人文科学　09　世界史

フランスの市民革命

1. 旧制度（アンシャン=レジーム）

- 革命前のフランスの政治・社会体制。
- **第一身分**（聖職者）と**第二身分**（貴族）…全人口の2％が国土の30％の土地を所有し、官職を独占。免税などの特権をもつ。
- **第三身分**（平民）…全人口の98％。政治的に無権利で、重い税負担を強いられていた。

重要　2. 財政危機と三部会の召集

- **アメリカ独立**戦争への介入…財政破綻を決定づけた。**ルイ16世**は、蔵相にテュルゴー（重農主義）、**ネッケル**（銀行家）、カロンヌ（名士会の招集）を登用し、財政改革を試みるが失敗。
- **三部会**の召集（1789年5月）…議決方法をめぐり、聖職者・貴族と**第三身分**が対立。
- **国民議会**の結成…**ミラボー**、シェイエス（著者『**第三身分**とは何か』）は、自分たちこそ真の国民の代表であると主張した。
- **球戯場（テニスコート）**の誓い…憲法制定まで解散しない誓い。旧体制に不満をもつ一部の貴族や僧侶もこれに合流。ルイ16世はやむなくこれを認め、議会は**憲法制定国民**議会と改称した。

重要　3. バスティーユ牢獄の襲撃

- 国王の専制…軍隊により議会を威嚇、**ネッケル**を罷免。これに反発したパリ市民は、**バスティーユ牢獄**を襲撃（1789年7月14日）。全国的な農民反乱を誘発し、領主の館が襲われた。
- 封建的特権の廃止（1789年8月4日）…事態収拾のため、**国民議会**の貴族・聖職者が自ら宣言。
- **人権宣言**の採択（1789年8月26日）…**ラ=ファイエット**らが起草。人間の自由・平等、主権在民、**私有財産**の不可侵を規定した。

4. ヴェルサイユ行進（十月事件）

- **国民議会**の弾圧…ルイ16世は**人権宣言**を認めず、武力で弾圧。パリ民衆は女性を先頭に**ヴェルサイユ**に押しかけ、国王一家をパリに連行。議会もパリへ移した。
- **ヴァレンヌ逃亡事件**（1791年6月）…ルイ16世は**ミラボー**の病死を機に、革命の進展を恐れ、王妃**マリ＝アントワネット**の母国オーストリアへの逃亡をはかるが失敗した。

5. 立法議会の成立（1791年10月）

- 憲法制定**国民議会**の解散…1791年憲法の発布と同時に実施。新憲法にもとづき、**立法議会**が招集された。
- フイヤン派（立憲君主派）の台頭…議会第一党を占めた。**ジロンド**派（共和派）、**ジャコバン**派（山岳派）も次第に増大。
- 八月十日事件（1792年）…市民や義勇軍がテュイルリー宮殿を襲撃。議会は王権を停止し、**立法議会**を解散した。

重要
6. 国民公会の成立（1792年9月）

- 世界初の**男性普通**選挙…**国民公会**が召集され、王政廃止と**共和政**（第一**共和政**）の樹立を宣言した。
- **ルイ16世**の処刑（1793年1月）。

重要
7. ジャコバン派の独裁

- **国民公会**を包囲…サンキュロットの支持を得て、**ジロンド**派を追放。
- **恐怖**政治…**公安委員会**を設置し、権力を集中。政敵や反革命派を容赦なく弾圧・処刑した。
- **ロベスピエール**の台頭…エベール（左派）、ダントン（右派）を排除。
- **テルミドール**の反動（**テルミドール9日のクーデター**）（1794年7月27日）…**ロベスピエール**は反対派に捕らえられ、処刑された。

一般知識 人文科学

世界史

8. 総裁政府の成立

- 穏健共和派の指導権回復…新憲法を制定（1795年）。国民公会の解散、制限選挙にもとづく二院制の立法府と、5人の総裁による総裁政府が成立（ブルジョワ共和政府）。
- ブリュメール18日のクーデター（1799年11月9日）…ナポレオン=ボナパルトは、クーデターを起こし総裁政府を打倒。新たに3人の統領からなる統領（執政）政府を樹立した。

> ナポレオンは、第一統領に就任して独裁権を握った。
> ここにフランス革命は終結したんだ。

9. 革命後のフランス

- フランス民法典（ナポレオン法典）の発布（1804年3月）…私有財産の不可侵、契約の自由などを規定。
- 第一帝政（1804年5月）…共和政から軍事独裁体制に転換。ナポレオンは国民投票で皇帝となり、ナポレオン1世と称した。

10. ナポレオンの大陸支配

- トラファルガーの海戦（1805年）…ネルソン率いるイギリス艦隊に敗れ、対英上陸作戦を断念。大陸制覇に方針転換した。
- アウステルリッツの会戦（三帝会戦）…ロシア（アレクサンドル1世）、オーストリア（フランツ1世）の連合軍を撃破。第3回対仏大同盟の解体。
- ライン同盟の結成（1806年）…神聖ローマ帝国の消滅。

11. ナポレオンの没落

- 没落…ロシア（モスクワ）遠征、ライプチヒの戦い（諸国民戦争）で大敗。ナポレオンは退位して、エルバ島へ流された。
- 皇帝復位（1815年）…ナポレオンはエルバ島から帰還したものの、ワーテルローの戦いで大敗。セントヘレナ島へ流され、1821年に死去（百日天下）。

12. 反ウィーン体制の動き

● **七月革命**（1830年）…**シャルル10世**は反動政治を強化。パリの民衆は武装蜂起し、国王はイギリスに亡命した。その後、**ルイ＝フィリップ**が「フランス国民の王」として迎えられた（**七月**王政）。

● **二月革命**（1848年）…ギゾー内閣は普通選挙を目指す改革宴会を弾圧。パリの民衆は武装蜂起し、**ルイ＝フィリップ**はイギリスに亡命した。その後、**共和政**の臨時政府が成立（第二**共和政**）。

● **第二帝政**（1852年）…大統領選挙で**ルイ＝ナポレオン**が当選。国民投票で皇帝となり、**ナポレオン3世**と称した。

一般知識 人文科学

世界史

Q CHECK 問題 （　）にあてはまる言葉を答えよ。　**A 解答**

❶ 第三身分の議員は、三部会から独立して〔　　〕を組織した。 ≫ 国民議会

❷ 上記の議会は1789年8月26日、〔　　〕を採択した。 ≫ 人権宣言

❸ 1792年、世界初の男性普通選挙による〔　　〕が成立した。 ≫ 国民公会

❹ 〔　　〕を中心とするジャコバン派は、恐怖政治を行った。 ≫ ロベスピエール

❺ ナポレオンは〔　　〕のクーデターにより、統領政府を樹立した。 ≫ ブリュメール18日

121

人文科学 **10** 世界史

ウィーン体制

1. ウィーン会議（1814年9月〜15年6月）

- **会議の目的と参加国**…**フランス**革命、**ナポレオン**戦争後の国際秩序の再建を目的に、**オスマン**帝国を除く全ヨーロッパ諸国が参加。
- **会議の指導理念**…会議はオーストリア外相**メッテルニヒ**が主導。フランス外相**タレーラン**が主張した**正統**主義が採用され、革命前の主権と領土を**正統**とし、革命前の状態に戻すとした。
- **「会議は踊る、されど進まず」**…宴会や舞踏会が多いわりに、審議が一向に進展しないウィーン会議を風刺した言葉。
- **ウィーン体制の成立**…各国の利害が対立して会議は難航。しかし、**ナポレオン**が**エルバ**島を脱出したのを機に、諸国は急いで妥協。ウィーン議定書が調印され、ウィーン体制が確立した。
- **ウィーン体制の特色**…自由主義・国民主義運動を抑圧。**革命**に逆行する、**保守**的な国際政治体制。

ウィーン会議以後のヨーロッパの国際秩序、しっかり覚えよう！

2. ウィーン体制の維持

- **神聖**同盟（1815年9月）…**アレクサンドル1世**（露）が提唱。キリスト教の正義・友愛の精神にのっとり、平和の維持をはかる。**イギリス**、ローマ教皇、**オスマン**帝国を除く全ヨーロッパ諸国が参加。
- **四国**同盟（1815年11月）…**メッテルニヒ**（オーストリア）が提唱。オーストリア、ロシア、**イギリス**、**プロイセン**の間で成立。
- **五国**同盟（1818年11月）…四国同盟に**フランス**も参加。ヨーロッパの現状維持とウィーン体制の擁護（強化）を目的とし、自由主義・国民主義運動を抑圧。

3. ウィーン体制の動揺

- **ラテンアメリカ諸国の独立**…シモン=ボリバル（ベネズエラ）、サン=マルティン（アルゼンチン）など、**クリオーリョ**（植民地生まれの白人）が中心となる。
- **アメリカの態度**…**モンロー宣言（モンロー教書）**（1823年）で、ヨーロッパとアメリカ大陸との相互不干渉を主張（孤立主義）。
- **ギリシアの独立**…**オスマン**帝国からの独立をはかり（ギリシア独立戦争）、アドリアノープル条約（1829年）、ロンドン会議（1830年）で承認される。
- ウィーン体制は、1848年の諸革命（フランスの二月革命、オーストリアのウィーン三月革命など）で崩壊した。

一般知識 人文科学

世界史

Q CHECK問題 （ ）にあてはまる言葉を答えよ。

A 解答

❶ ナポレオン戦争の処理のために開かれた国際会議を〔　　〕という。
≫ ウィーン会議

❷ 会議を主導したのは、オーストリア外相〔　　〕である。
≫ メッテルニヒ

❸ ロシアのアレクサンドル1世の提唱で、〔　　〕が成立した。
≫ 神聖同盟

❹ アメリカは〔　　〕宣言を発して、孤立主義に転じた。
≫ モンロー

❺ 〔　　〕は、ベネズエラ、コロンビアなどの独立を指導した。
≫ シモン=ボリバル

123

人文科学 **11** 世界史
帝国主義政策

重要 ## 1. ドイツの統一

- **ヴィルヘルム1世**がプロイセン王に即位（1861年）…翌年、ユンカー（地主貴族）出身の**ビスマルク**が首相に就任。
- **ビスマルク**の鉄血政策…軍備拡張を実行。
- デンマーク戦争（1864年）…デンマークからシュレスヴィヒ・ホルシュタインを奪取。これらの管理をめぐり、**オーストリア**と対立するが勝利した（**普墺**戦争）。
- **普仏**戦争（1870〜71年）…フランスの**ナポレオン3世**により宣戦されたがプロイセンが大勝。アルザス・ロレーヌの割譲と巨額の賠償金を得た。フランスは**第二帝政**を廃止。
- **ヴィルヘルム1世**がドイツ皇帝に即位（1871年）…**ドイツ**帝国の成立、初代宰相は**ビスマルク**。

2. ビスマルクの政治・外交

- 「アメとムチ」の政策…アメ（社会保険諸法の制定などの社会政策の実行）と、ムチ（**社会主義者鎮圧**法の制定などの労働運動弾圧）。
- **ビスマルク**体制…**三国**同盟（ドイツ・オーストリア・イタリア）を締結、独露再保障条約の締結によって、フランスを包囲・国際的孤立化。

3. ビスマルクの退陣

- **ヴィルヘルム2世**の親政…軍備拡張を行い、イギリス、フランスと対立。「**世界政策**」を掲げ、帝国主義政策を追求した。
- **社会主義者鎮圧**法の廃止…社会民主党の成立。

124

4. ロシアの南下政策

- **クリミア**戦争（1853〜56年）…イギリス、フランスはトルコと同盟し、ロシアに宣戦。ロシアは敗北しパリ条約を締結（黒海の中立化、南下政策の阻止）。
- 露土戦争（1877年）…**スラヴ**民族の保護を口実にロシアがトルコに宣戦。トルコが敗北し、**サン＝ステファノ**条約を締結（南下政策の実現）。
- **ベルリン**会議（1878年）…ドイツ宰相**ビスマルク**が主催。**サン＝ステファノ**条約を破棄し、**ベルリン**条約を締結（南下政策の挫折）。

5. アフリカ分割

重要

- イギリスのアフリカ**縦断**政策…アフリカの南北を押さえる**3C**政策（カイロ・ケープタウン・カルカッタ）を推進。
- フランスのアフリカ**横断**政策…イギリスの**縦断**政策に対抗。西アフリカからサハラ砂漠を横断、ジブチ・マダガスカルを結ぶ。
- **ファショダ**事件（1898年）…イギリス、フランス両国がスーダンで衝突。**フランス**が譲歩し、武力衝突は避けられた。
- **英仏**協商（1904年）の成立…**イギリス**はエジプト、**フランス**はモロッコの優越権を相互承認。
- ドイツの**3B**政策…イギリスの**3C**政策に対抗（「**世界政策**」の一環）。ベルリン・ビザンティウム・バグダードを鉄道で結んだ。
- **モロッコ**事件（1905年）…ドイツはフランスの**モロッコ**支配に抗議。しかし、イギリスに阻まれ失敗に終わった。

125

6. バルカン問題

- 「ヨーロッパの火薬庫」バルカン半島…パン=スラヴ主義（ロシア）、パン=ゲルマン主義（ドイツ、オーストリア）の対立。
- 第一次バルカン戦争（1912〜13年）…伊土戦争に乗じて、バルカン同盟がオスマン帝国と開戦。
- 第二次バルカン戦争（1913年）…オスマン帝国から獲得した領土分割をめぐる、同盟内の対立。

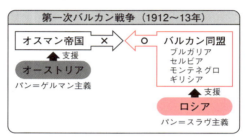

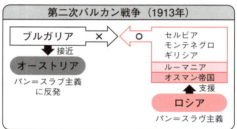

バルカン半島をめぐる争いは、第一次世界大戦を押さえるうえでポイントだよ。

重要 7. 第一次世界大戦の勃発

- サライェヴォ事件（1914年6月28日）…セルビア人の青年が、オーストリアの皇太子夫妻を暗殺。
- 開戦…オーストリアはドイツの支援を得てセルビアに宣戦布告。ロシアはセルビアを支援し、ドイツはロシア、フランスに宣戦。イギリスはドイツに宣戦。

重要 8. 戦況と結果

- 三国協商（イギリス・フランス・ロシア）と三国同盟（ドイツ・オーストリア・イタリア）の対立。
- イタリアの三国同盟脱退（1915年）…連合国（協商国）側への参戦。
- アメリカの参戦（1917年）…理由はドイツの無制限潜水艦作戦。
- 結果は連合国（協商国）の勝利（1918年）。日本は、日英同盟を理由に連合国（協商国）側に参戦した。

9. ロシア革命（1917年）

- 史上初の社会主義革命。
- 二月革命…ロマノフ朝滅亡。ニコライ2世が退位し、ケレンスキー臨時内閣が成立した。
- 十月革命…ボリシェヴィキが武装蜂起し、臨時政府を打倒。レーニン・トロツキー指導下にソヴィエト政権が樹立された。
- 対ソ干渉戦争（1918年）…チェコ兵の救出を口実に、日本、アメリカ、イギリス、フランスの軍隊がシベリアに出兵。

一般知識　人文科学　世界史

Q CHECK問題 （ ）にあてはまる言葉を答えよ。 　A 解答

❶ 〔　〕は、軍備拡張のため鉄血政策を行った。　≫　ビスマルク

❷ イギリスは帝国主義政策の一環として〔　〕政策をすすめた。　≫　3C

❸ ドイツは「世界政策」の一環として、〔　〕政策をすすめた。　≫　3B

❹ 第一次世界大戦の発端となった事件を〔　〕という。　≫　サライェヴォ事件

❺ 〔　〕革命では、ボリシェヴィキが武装蜂起し、臨時政府を倒した。　≫　十月

人文科学 12 世界史

第一次世界大戦後

重要 1. ヴェルサイユ体制の成立

- **十四カ条**の平和原則(1918年)…米大統領**ウィルソン**が発表。内容は**民族自決**、軍備縮小、秘密外交廃止、国際平和機構設立。
- **パリ**講和会議(1919年1月)…アメリカ、イギリス、フランスが主導権を握る。**十四カ条**を講和の原則としたが、列強の利害が対立。
- **ヴェルサイユ**条約(1919年6月)…ドイツは全海外植民地を放棄。巨額の賠償金と軍備制限、フランスにアルザス・ロレーヌを返還した。
- **国際連盟**の発足(1920年)…本部は**ジュネーヴ**。権限は**経済**制裁のみ。当初の常任理事国は、イギリス、フランス、日本、**イタリア**の4か国。当初、ドイツとソ連は排除され、**アメリカ**は不参加(上院否決)。

> 民族自決の原則は、東欧諸国の独立にのみ適用され、アジアやアフリカの民族運動には適用されなかった。

2. 軍縮会議と国際協調

- **ワシントン**会議(1921〜22年)…米大統領**ハーディング**が提唱。アメリカ、イギリス、フランス、日本、イタリアで**海軍軍備制限**条約(1922年)を締結し、主力艦保有比率の割合を定めた。
- **四カ国条約**(1921年)…アメリカ、イギリス、フランス、日本が締結。太平洋諸島の現状維持、**日英**同盟の破棄。
- **九カ国条約**(1922年)…アメリカ、イギリス、日本、フランス、イタリア、中国などが参加。中国の主権尊重、領土保全と機会均等、門戸開放を約束。
- **ロカルノ**条約(1925年)…独外相**シュトレーゼマン**が提唱。イギリス、フランス、イタリア、ドイツなどが参加。ドイツの**国際連盟**加盟を条件に、ラインラントの非武装化、相互不可侵を約束。

- ロンドン軍縮会議（1930年）…英首相マクドナルドが提唱。イギリス、アメリカ、日本で海軍の補助艦保有比率の割合を定めた。

重要 3. 世界恐慌（1929年）・暗黒の木曜日

- 発端…ニューヨーク株式市場（ウォール街）で株価が大暴落した。
- アメリカの対応（民主党：フランクリン=ローズヴェルト）

ニューディール	・自由放任経済を修正（修正資本主義の先駆）。国家が経済活動に介入し、景気回復をはかる ・全国産業復興法（NIRA）…企業の生産規制。物価や賃金の引き上げをはかり、経営回復を目指す（最高裁が違憲判決） ・農業調整法（AAA）…農産物を生産調整し、価格の安定をはかり、農民救済を目指す ・テネシー川流域開発公社（TVA）…公共事業により、失業者を救済 ・ワグナー法（労働者の権利拡大）を制定。団結権、団体交渉権を与え、労働運動が活発化

- イギリスの対応（労働党：マクドナルド）

ブロック経済	・挙国一致内閣を組織。保守党・自由党と結ぶ。金本位制の停止 ・オタワ連邦会議…スターリング（ポンド）=ブロックの形成。連邦内は低関税、連邦外は高関税 ・本国と植民地の間に、特恵関税制度による排他的な経済圏をつくり、他国の介入を排除した

結果として国際貿易は縮小し、広い海外領土をもたない後進的資本主義国（日本、ドイツ、イタリア）は、侵略政策で新たなブロックを形成しようとしたよ。

- フランスの対応（社会党：ブルム）

  フラン=ブロックの形成、人民戦線内閣の成立（反ファシズム政策）。

- ソ連の対応（社会主義：スターリン）

  計画経済（五カ年計画）を進めていたので、世界恐慌の影響をほとんど受けなかった。

重要 ## 4. ファシズム（全体主義）の台頭

●イタリア（ムッソリーニ）

ファシスト党	・ローマ進軍（1922年）…資本家や軍部が支持。政府に圧力をかけ、一党独裁を樹立 ・エチオピア侵攻（1935年）…目的は恐慌後の経済危機を乗り切るため。翌年に併合 ・国際連盟からの脱退（1937年）

●ドイツ（ヒトラー）

ナチ党 （国民社会主義 ドイツ労働者党）	・巧みな大衆宣伝と大衆行動で人心を掌握。ヴェルサイユ体制打破、ユダヤ人排斥を強調 ・総選挙（1932年）で第一党に。翌年、ヒトラーが首相に任命される ・全権委任法（1933年）…一党独裁体制を確立。同年、国際連盟を脱退 ・ヒトラーが総統（フューラー）に就任（1934年）。大統領・首相・党首の全権を掌握

●スペイン（フランコ）

ファランヘ党	・人民戦線内閣の成立（1936年）…フランコ将軍ら右派はこれを不満として、モロッコでクーデターを起こした（スペイン内戦の始まり） ・内戦の終結（1939年）…フランコ側が勝利し、同年、日独伊防共協定に参加した（国際連盟を脱退）

世界恐慌とファシズムをめぐる一連の流れは、
第二次世界大戦につながる重要な論点なので、
図を使って理解しよう。

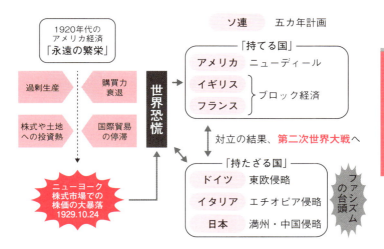

※「持てる国」は、植民地や資源を豊富にもつ国を指す。「持たざる国」は、植民地や資源の少ない国を指し、侵略や再分割を正当化していった。

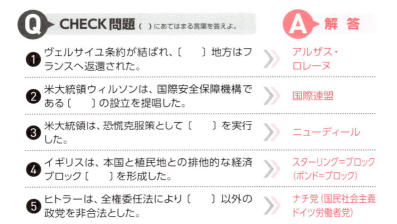

Q CHECK問題 ( )にあてはまる言葉を答えよ。	A 解答
❶ ヴェルサイユ条約が結ばれ、〔　〕地方はフランスへ返還された。	アルザス・ロレーヌ
❷ 米大統領ウィルソンは、国際安全保障機構である〔　〕の設立を提唱した。	国際連盟
❸ 米大統領は、恐慌克服策として〔　〕を実行した。	ニューディール
❹ イギリスは、本国と植民地との排他的な経済ブロック〔　〕を形成した。	スターリング=ブロック（ポンド=ブロック）
❺ ヒトラーは、全権委任法により〔　〕以外の政党を非合法とした。	ナチ党（国民社会主義ドイツ労働者党）

131

人文科学 **13** 世界史
ヴェルサイユ体制の崩壊

重要 1. 第二次世界大戦

1935年	・ザール編入…ナチス政権による最初の領土拡大。ドイツの**再軍備**宣言、徴兵制の復活
1936年	・**ロカルノ**条約破棄…ヒトラーは非武装化地帯のラインラントに軍隊を派遣 (ラインラント進駐)。**ヴェルサイユ**体制が崩壊する
1938年	・**オーストリア**併合…ヒトラーはドイツ民族統合を名目に武力で併合。チェコスロヴァキアには**ズデーテン**地方の割譲を要求 ・**ミュンヘン**会談…イギリス、フランス、ドイツ、イタリアの会談。戦争を回避するための**宥和**政策。ドイツの要求を認めた
1939年	・チェコスロヴァキア解体…西部のチェコと東部のスロヴァキアに分離 ・**独ソ不可侵**条約…反社会主義 (**ドイツ**) と反ファシズム (**ソ連**) が結びつく条約。世界に大きな衝撃を与えた ・ドイツの**ポーランド**侵攻 (第二次世界大戦の勃発)…イギリス、フランス両国は、ドイツに宣戦布告した
1940年	・**フランス**降伏…**ヴィシー**に親独のペタン内閣が成立。**ド=ゴール**はロンドンに亡命、国内では**レジスタンス**が起こった ・**日独伊三国**同盟 (枢軸国体制の強化)
1941年	・**日ソ中立**条約…相互不可侵、**中立**維持を約束 ・**独ソ開戦**…**ドイツ**が条約を一方的に破棄し**ソ連**に侵入 ・**大西洋憲章** (米：**ローズヴェルト**、英：**チャーチル**)…ファシズムの打倒と、戦後の平和構想を表明
1943年	・**イタリア**の無条件降伏 (バドリオ新政権の樹立) ・**カイロ**会談 (米：**ローズヴェルト**、英：**チャーチル**、中：**蔣介石**)…対日戦の基本方針 (日本の無条件降伏、朝鮮独立、満州・台湾の返還など) を討議
1944年	・連合軍が**ノルマンディー**上陸 (総司令官は米：アイゼンハワー)…パリは解放され、**ド=ゴール**は臨時政府を樹立
1945年	・**ヤルタ**会談 (米：**ローズヴェルト**、英：**チャーチル**、ソ：**スターリン**)…ドイツの戦後処理、**ソ連**の**対日参戦**を約束 ・ヒトラー自殺…**ドイツ**の無条件降伏 (ヨーロッパでの戦争終了) ・**ポツダム**会談 (米：**トルーマン**、英：**チャーチル**、ソ：**スターリン**)…日本の無条件降伏、戦後処理を協議 ・**サンフランシスコ**会議…**国際連合**憲章が採択され、**国際連合**が発足 (本部は**ニューヨーク**、**軍事**制裁も可)。常任理事国は**アメリカ**、イギリス、フランス、**ソ連**、中国

132

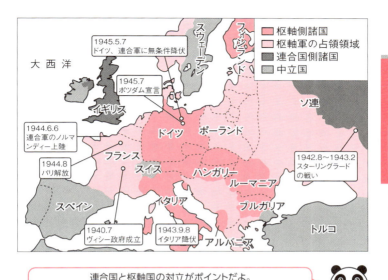

連合国と枢軸国の対立がポイントだよ。

CHECK問題 ( )にあてはまる言葉を答えよ。

解 答

❶ イギリスとフランスは、ミュンヘン会談で〔　〕政策をとった。
≫ 宥和(ゆうわ)

❷ ドイツはポーランド侵攻の直前、〔　〕と不可侵条約を結んだ。
≫ ソ連

❸ ドイツは不可侵条約を破棄して、〔　〕に侵攻した。
≫ ソ連

❹ ヤルタ協定にもとづき、〔　〕が日本に宣戦布告した。
≫ ソ連

❺ 日本は〔　〕宣言を受諾し、無条件降伏した。
≫ ポツダム

人文科学 **14**

世界史
戦後の国際情勢

重要 **1. 東西冷戦**

1946年	・チャーチルは、「鉄のカーテン」演説で社会主義勢力の脅威を指摘
1947年	・トルーマン＝ドクトリン（アメリカの対ソ封じ込め政策）…トルコ、ギリシアの共産主義化を阻止 ・マーシャル＝プラン（ヨーロッパ経済復興援助計画）を発表…ヨーロッパの共産主義化を防止するためのアメリカの経済援助 ・ソ連を中心にコミンフォルム（共産党情報局）が発足…9か国の共産党が組織され、マーシャル＝プランに対抗
1948年	・ソ連のベルリン封鎖…アメリカ、イギリス、フランスの通貨改革に反発しての措置。3国は空輸で対抗、東西間の緊張を高めた
1949年	・ソ連を中心にコメコン（経済相互援助会議）を設立…マーシャル＝プランに対抗 ・ドイツの分裂…民主主義国家のドイツ連邦共和国（西独）と、社会主義国のドイツ民主共和国（東独）が成立 ・北大西洋条約機構（NATO）…西側12か国で設立。アメリカを中心とする反ソ軍事同盟
1950年	・朝鮮戦争…北朝鮮が北緯38度線を越えて南に侵攻。アメリカが韓国（李承晩）、中国が北朝鮮（金日成）に協力
1955年	・ワルシャワ条約機構（WTO）…東側8か国で結成。ソ連を中心とする東側陣営の軍事同盟 ・ベトナム共和国（南ベトナム）の建国…アメリカの支援を受けたゴ＝ディン＝ジエムが独裁政治を行う
1960年	・南ベトナム解放民族戦線の結成…ゴ政権の打倒。北ベトナムと結び、ゲリラ戦を展開
1962年	・キューバ危機…ソ連がキューバにミサイル基地を建設。ソ連艦の入港を阻止するため、米大統領ケネディは海上封鎖を断行し、人類が核戦争に直面した。しかし、ソ連首相フルシチョフが基地撤去を発表。危機は去った
1965年	・ベトナム戦争…アメリカの北爆開始が原因。米大統領ジョンソンは、南ベトナムに約50万人の地上兵を派遣したが、中国、ソ連の支援を受けた北ベトナムと南ベトナム解放民族戦線の抵抗に遭い、戦局は泥沼化した
1973年	・ベトナム（パリ）和平協定の調印…米大統領ニクソンは米軍を撤退、ベトナム社会主義共和国が成立し、南北ベトナムが統一された

| 1989年 | ・**ベルリン**の壁開放…東西ドイツ間の交通制限を解除
・**マルタ**会談（米：**ブッシュ**、ソ：**ゴルバチョフ**）…冷戦の終結 |

> 年表を使って、西側陣営（資本主義－アメリカ、イギリス）と東側陣営（社会主義－ソ連・東欧）の対立関係史を覚えよう。

一般知識　人文科学　世界史

2. 第三世界の台頭

- **第三世界（第三勢力）**…東西対立のなか、いずれの側にも属さない非同盟主義の立場で「平和共存」を実現しようとする動き。

1954年	・平和**五原則**の発表（印：**ネルー**、中：**周恩来**）…領土・主権の尊重、不侵略、内政不干渉など
1955年	・**アジア＝アフリカ**会議（**バンドン**会議）…平和**十原則**の採択。反植民地主義、相互協調など
1960年	・「**アフリカの年**」…17か国が独立し、**国連**に加盟した。ナイジェリアやマダガスカルなど

CHECK問題（　）にあてはまる言葉を答えよ。

解答

❶ ヨーロッパ経済復興のためにアメリカが打ち出した計画を〔　〕という。
≫ マーシャル＝プラン（ヨーロッパ経済復興援助計画）

❷ 上記に対抗して、〔　〕が1947年に発足した。
≫ コミンフォルム（共産党情報局）

❸ アメリカとソ連が、全面核戦争に直面した事件を〔　〕危機という。
≫ キューバ

❹ 1989年11月、東西分断の象徴だった〔　〕が開放された。
≫ ベルリンの壁

❺ アメリカとソ連の両首脳は、〔　〕島で会談し、冷戦の終結を宣言した。
≫ マルタ

人文科学

15

世界史

中国王朝史

1. 秦（前8世紀〜前206年）

●都は咸陽

始皇帝 （秦王政）	・秦王の政が中国を統一 ・法家の**李斯**を登用…中央集権体制の確立 ・**郡県**制…皇帝任命の官吏を派遣 ・**万里の長城**の大改修…匈奴の侵入に対抗 ・**焚書・坑儒**…言論や思想の統制 ・秦の滅亡…**陳勝・呉広**の乱

2. 漢（前202〜後220年）

●都は**長安**（前漢）、**洛陽**（後漢）

劉邦 （高祖）	・前漢の建国…垓下の戦いで項羽に勝利 ・**郡国**制…**郡県**制と封建制の併用 ・**呉楚七国**の乱…権力を奪われた諸侯が反乱。以後、実質的に**郡県**制へと移行
武帝	・対外政策…匈奴討伐、大月氏へ**張騫**を派遣 ・前漢の滅亡…**武帝**以後、**王莽**が皇帝を廃し、**新**を建国 ・**新**の滅亡…**赤眉**の乱
劉秀 （光武帝）	・後漢の建国…**劉秀**が漢王室を復興 ・対外政策…**大秦**（ローマ）に**甘英**を派遣。大秦王 安敦の使者が来航 ・**黄巾**の乱（張角が指導）を機に後漢が滅亡

3. 隋（581〜618年）

●都は大興城（長安）

楊堅 （文帝）	・南朝の陳を滅ぼし統一 ・**均田**制…国家が土地所有に介入 ・**府兵**制…土地を支給された農民から徴兵 ・**科挙**…学科試験による官吏登用制度
煬帝	・**大運河**を建設し、華北と江南を結ぶ ・**高句麗**遠征失敗を機に隋が滅亡

4. 唐（618 ～ 907年）

●都は長安

李　淵 （高祖）	・唐の建国…隋を倒して建国 ・長安は国際色豊かな都市（景教やマニ教）
李世民 （太宗）	・**貞観**の治…中央集権の確立。律・令・格・式、**均田**制、**租庸調**制の確立
玄　宗	・**募兵**制（傭兵制度）の導入 ・安史の乱…**安禄山**と**史思明**の反乱。その後**均田**制が崩壊し節度使が自立化
徳　宗	・**両税**法の導入…宰相楊炎の献策 ・黄巣の乱で国力が衰退。 ・唐の滅亡…**朱全忠**が滅ぼし、後梁を建国

5. 宋（960 ～ 1276年）

●都は開封（北宋）、臨安（南宋）

趙匡胤 （太祖）	・北宋の統一（太宗が中国を統一） ・**文治**主義…**科挙**に殿試を追加。学識ある文人官僚によって政治を行う
神　宗	・**新法**の実施…宰相の**王安石**が断行し、財政再建と富国強兵策に取り組む
欽　宗	・北宋の滅亡…**靖康**の変。女真族の**金**の侵入により滅亡する ・弟の高宗は江南に逃れ、宋を再建（**南宋**）

6. 元（1271 ～ 1368年）

●都は大都（北京）

チンギス＝ハン （太祖）	・モンゴル帝国の成立…**チンギス＝ハン**が建国。死後は、子の**オゴタイ＝ハン**（太宗）が**金**を滅ぼす ・**駅伝制（ジャムチ）**…交通整備。チンギス＝ハンが創設し、オゴタイ＝ハンが制度化
フビライ＝ハン （世祖）	・元の建国…**南宋**を滅ぼし中国を統一 ・モンゴル人第一主義（厳格な身分制度）。中央政府の首脳部はモンゴル人が独占 ・**元寇**…文永の役、弘安の役ともに失敗 ・西方人の中国訪問…**マルコ＝ポーロ**『世界の記述』
トゴン＝テムル	・元の滅亡…**紅巾**の乱（白蓮教徒の乱）を機に、**朱元璋**が明を建国。元は大都を放棄して、モンゴルへ退いた

7. 明（1368 〜 1644年）

● 都は南京（金陵）、北平（北京）

朱元璋 （洪武帝）	・明の建国…南京を都に漢民族王朝を復興 ・衛所制、里甲制の確立、六諭の発布
永楽帝 （成 祖）	・靖難の役を起こし即位（首都を北平に移す） ・南海遠征、鄭和をインド洋方面へ派遣 ・勘合貿易（日明貿易）…倭寇との区別 ・皇帝の死後、北虜南倭に苦しめられる
万暦帝 （神 宗）	・一条鞭法の導入…張居正が全国に施行。田賦（土地税）、丁税（人頭税）を一括銀納
崇禎帝 （毅 宗）	・明の滅亡…大飢饉を機に各地で農民が反乱（李自成の乱）を起こし滅亡

8. 清（1616 〜 1912年）

● 都は北京

ヌルハチ （太 祖）	・女真族を統一し、後金を建国。ホンタイジ（太宗）が国号を「清」と改めた
順治帝 （世 祖）	・辮髪令…女真族の風習を漢人男性に強制。従わない者は厳しく断罪
康熙帝 （聖 祖）	・満漢併用制…中央政府の要職を偶数にする。満州人・漢人を同人数併用する制度 ・地丁銀制の導入…雍正帝時代に全国で実施。地税のなかに丁税を繰り込み、一括銀納
乾隆帝 （高 宗）	・文字の獄…反満・反清的な思想の取り締まりや弾圧 ・禁書…反政府的な書物を焼き捨てる、発行禁止
道光帝	・三角貿易…中国からイギリスへ大量の銀が流出。中国では、財政難やアヘン依存者の急増 ・林則徐によるアヘン没収・廃棄 ・アヘン戦争…アヘン取り締まりに対するイギリスの侵略戦争。清は敗北（南京条約の締結）
咸豊帝	・太平天国の乱…洪秀全を中心とするキリスト教結社が「滅満興漢」を唱えるが、最終的に滅亡 ・アロー戦争…イギリス、フランスによる侵略戦争。清は敗北（北京条約の締結）

光緒帝 (こうしょてい)	・義和団事件…宗教的武術結社によるクーデター。「扶清滅洋」を唱え、勢力を拡大 ・北清事変…8か国協同出兵（日本、ロシアを中心に）
宣統帝 (せんとうてい) （溥儀）(ふぎ)	・武昌蜂起…湖北新軍による挙兵。辛亥革命の勃発（臨時大総統に孫文が就任） ・アジア初の共和国が成立（中華民国） ・清の滅亡…北洋軍閥の袁世凱が革命派と密約。臨時大総統に就任し、皇帝は退位

王朝の交代期に反乱が起こるのが中国史の大きな特徴。
異民族支配（元・清）も忘れずに！

一般知識　人文科学

世界史

CHECK問題 （　）にあてはまる言葉を答えよ。　解答

❶ 始皇帝は、中央集権化を進めるため〔　〕を施行した。　》　郡県制

❷ 〔　〕は、大月氏に張騫を使者として派遣した。　》　武帝

❸ 趙匡胤は科挙を整備し、〔　〕を最終試験に追加した。　》　殿試

❹ 張居正は、地税と丁税を一括銀納する〔　〕を施行した。　》　一条鞭法

❺ 〔　〕は、「扶清滅洋」をスローガンに武装蜂起こした。　》　義和団

139

人文科学 01 地理

世界の地形

1. 平野の地形

- **堆積**平野…**河川**や海の堆積作用によって形成。
- **沖積**平野…約1万年前以降（完新世）に、**河川**の堆積作用によって形成。

	おもな特徴と分布地域
扇状地 A	・谷の**出口**に形成された扇形の地形（山地から扇頂→扇央→扇端） ・扇央は、河川が地下に浸透して**伏流**し**水無**川（涸れ川）になるため、乏水地で水利に恵まれない（**桑畑**や果樹園として利用） ・扇端では地表に**伏流水**が**湧出**するため、水利に恵まれる（**集落**や水田に利用） ・甲府盆地、黒部川、松本盆地
氾濫原 B	・河川の氾濫により形成された**低平**地 ・**洪水**時の土砂を堆積させてできた微高地を**自然堤防**といい、周辺より乾燥している（**集落**、畑、道路に利用） ・その**自然堤防**の後には、水はけの悪い後背湿地（**バックマーシュ**）が広がり、水田に利用される
三角州 （デルタ） C	・海や湖の**河口**付近に形成された**低平**な地形（地盤が軟弱） ・円弧状、鳥趾状、カスプ状（尖状）に分類される ・**ナイル**川（エジプト）、ミシシッピ川（アメリカ）、テベレ川（イタリア）

<沖積平野の構造>

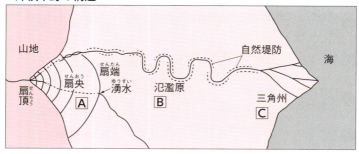

沖積平野は、図を使って理解しよう。

2. 海岸の地形

● **沈水**海岸…海水面の**上昇**もしくは地盤の沈降で形成。

	おもな特徴と分布地域
リアス海岸	・谷の沈水によって生じた入り江（**溺れ谷**）が連続し、海岸の出入りが**鋸歯**状の屈曲をもつ海岸 ・**津波**による被害を受けやすい（天然の**良港**が多い） ・**スペイン**北西部、三陸海岸、**若狭**湾、志摩半島
エスチュアリー （三角江）	・河川の河口部が沈水して、**ラッパ**状になった海岸 ・広大な後背地に恵まれ、大都市が発達（**港湾**都市） ・**テムズ**川（イギリス：ロンドン）、セーヌ川（フランス：ルアーヴル）
フィヨルド （峡湾）	・**U字**谷（氷食谷）に海水が浸入してできた入り江 ・狭く深く、奥行きが長い ・ノルウェーの大西洋岸（**ソグネ**フィヨルド）、**チリ**南部

<リアス海岸>

<エスチュアリー>

<フィヨルド>

各海岸の特徴と分布地域に着目して理解しよう。
三角江（沈水）と三角州（沖積）は間違えないように注意。

3. その他の地形

● **カルスト**地形…**石灰**岩が溶食されて形成されたもの。

	おもな特徴と分布地域
ドリーネ	・溶食によりつくられたすり鉢状の凹地 ・底には、鍾乳洞へ続く穴があいている
ウバーレ	・ドリーネが接続してできた凹地
ポリエ	・大規模な溶食盆地（底面積数km^2〜数百km^2） ・底部にテラロッサの土壌がみられる
鍾乳洞	・地下に流入した雨水でできた洞窟 ・石灰岩地帯の地下にある洞窟 ・鍾乳石（天井）、石筍（床面）、石柱（鍾乳石＋石筍） ・マンモスケーブ（アメリカ）、秋芳洞（山口県）、安家洞（岩手県）

＜カルスト地形の構造＞

凹地の大小によって、呼び名が変わるよ。

- 氷河地形…氷河（もとは雪）の侵食によって形成された地形。

	おもな特徴と分布地域
大陸氷河 （氷　床）	・大陸を厚くおおう氷河 ・世界全体の約90%を南極氷床が占めている ・南極大陸、グリーンランド
山岳氷河 （谷氷河）	・緯度が高い場所や標高が高い場所など、万年雪におおわれているような山地で発達する氷河 ・アルプス、ヒマラヤ
カール （圏　谷）	・氷食作用で山頂部にできる半椀状の窪地 ・アルプス、ヒマラヤ、飛騨、木曽、日高山脈
氷食谷 （U字谷）	・山腹にできる谷底が広いU字型の谷 ・谷底には氷河湖やモレーン ・U字谷に海水が浸入すると、フィヨルドになる ・五大湖（アメリカ）、ラドガ湖（ロシア）、レマン湖（アルプス）

一般知識　人文科学

地理

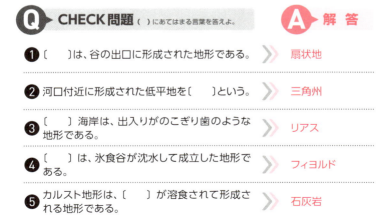

❶ 〔　　〕は、谷の出口に形成された地形である。　≫　扇状地

❷ 河口付近に形成された低平地を〔　　〕という。　≫　三角州

❸ 〔　　〕海岸は、出入りがのこぎり歯のような地形である。　≫　リアス

❹ 〔　　〕は、氷食谷が沈水して成立した地形である。　≫　フィヨルド

❺ カルスト地形は、〔　　〕が溶食されて形成される地形である。　≫　石灰岩

143

人文科学 02 地理

世界の気候

1. 気候の三大要素

① **気温**…緯度や高度で変化。
② **降水量**…緯度や気圧帯で変化。
③ 風…恒常風（**偏西**風）、**季節**風（モンスーン）。

2. 気圧帯と風

	特徴
貿易風 （赤道偏東風）	・亜熱帯高圧帯から熱帯収束帯へ吹く**東**風 ・北半球（北東貿易風）、南半球（南東貿易風）
偏西風	・亜熱帯高圧帯から亜寒帯低圧帯へ吹く**西**風 ・北半球（大陸西岸に発達）、南半球（陸地の少ない所に発達）
季節風	・夏と冬で**風向き**が反対になる風 ・夏（海洋から大陸へ）、冬（大陸から海洋へ）

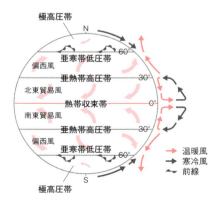

> 風の方向に着目し、呼び名に注意しよう。

重要 3. ケッペンの気候区分

● 熱帯気候～温帯気候

		おもな特徴と分布地域
熱帯気候	熱帯雨林 (Af)	・年中高温多雨 ・午後にはスコール ・熱帯雨林(アマゾンではセルバ、東南アジアやアフリカではジャングル) ・アマゾン川流域、東南アジアの島々、コンゴ盆地
	熱帯モンスーン (Am)	・多雨だが、冬に弱い乾季(季節風の影響) ・インドシナ半島、西インド諸島、フィリピン北部
	サバナ (Aw)	・雨季と乾季が明瞭、雨季直前の春に最高気温 ・丈の高い長草草原(サバナ) ・Afより高緯度の地域、アフリカ南部、デカン高原、ブラジル高原
乾燥気候	砂漠 (BW)	・気温の日較差が大きい ・年降水量250mm以下、オアシスに植生 ・亜熱帯高圧帯～大陸内部などの地域
	ステップ (BS)	・少量の降雨(短い雨季＝間絡的な降水) ・丈の短い草原(ステップ) ・BWの周辺部、サハラ砂漠周辺、中央アジア
温帯気候	温暖冬季少雨 (Cw)	・夏は高温多雨、冬は少雨(季節風の影響) ・Awに接して分布、華南、インド北部
	地中海性 (Cs)	・夏は高温乾燥、冬は湿潤(偏西風の影響) ・オリーブやコルクがしなど耐乾性の硬葉樹が多い ・中緯度の大陸西岸、地中海沿岸、カリフォルニア
	温暖湿潤 (Cfa)	・夏は高温湿潤、冬は寒冷乾燥(四季の変化) ・中緯度の大陸東岸、東アジア(日本、華中)
	西岸海洋性 (Cfb・Cfc)	・夏も冬も温和(偏西風と暖流の影響) ・年中平均した降雨(偏西風の影響) ・高緯度(40～60°)の大陸西岸、西ヨーロッパ

一般知識 人文科学

地理

熱帯気候と乾燥気候は降水量に着目するとわかりやすいよ。
温帯気候は夏と冬に分けて考えるのがポイント！

145

●亜寒帯気候・寒帯気候

		おもな特徴と分布地域
亜寒帯気候	亜寒帯湿潤 (Df)	・年間平均した降水(偏西風の影響) ・北部は針葉樹林帯(タイガ)が分布 ・ロシア(モスクワ)、アラスカ、カナダ、日本(札幌)
	亜寒帯冬季少雨 (Dw)	・気温の年較差は最大 ・北半球の寒極 ・北部は針葉樹林帯(タイガ)が分布 ・シベリア東部(ハバロフスク)、中国東北部
寒帯気候	ツンドラ (ET)	・最暖月の平均気温が0℃以上10℃未満 ・短い夏に地表の氷が融け、コケ類が生育する(ツンドラ) ・イヌイットなどの原住民が生活 ・北極海沿岸、アラスカ最北部(バロー)
	氷雪気候 (EF)	・最暖月の平均気温が0℃未満 ・年中氷雪に覆われ、植生はない ・グリーンランド内陸、南極大陸

亜寒帯気候は降水量に着目するとわかりやすいよ。
寒帯気候は植生の有無がポイント!

●その他の気候

	おもな特徴と分布地域
高山気候 (H)	・ケッペンの気候区分の修正 ・温帯で標高2000m以上、熱帯で標高3000m以上 ・気温の日較差、年較差は小さい ・植生は短い夏に限られる ・ヒマラヤ、ロッキー、アンデス、チベット高原

4. 気候を表すグラフ

- ハイサーグラフ…縦軸（**気温**）、横軸（**降水量**）

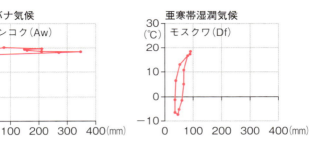

- 雨温図…棒グラフ（**降水量**）、折れ線グラフ（**気温**）

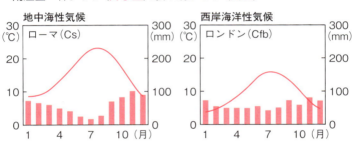

一般知識 人文科学

地理

CHECK問題 （ ）にあてはまる言葉を答えよ。

解 答

❶〔　〕気候は、雨季と乾季が明瞭である。 ▶ サバナ

❷〔　〕気候は、丈の短い草原が広がっている。 ▶ ステップ

❸〔　〕気候は、夏も冬も温和である。 ▶ 西岸海洋性

❹〔　〕気候は、アラスカやカナダなどにみられる。 ▶ 亜寒帯湿潤

❺〔　〕気候は、短い夏に地表の氷が融ける。 ▶ ツンドラ

147

人文科学 **03** 地理

世界の農業と土壌

1. ホイットルセーの農牧業区分

● **自給**的農業…生産物の販売よりも、自家消費が目的。

	おもな特徴と分布地域
焼 畑	・森林や原野を焼き、**草木灰**を肥料とする農業 ・土地生産性が低いため、耕地は数年で放棄する ・タロイモ、キャッサバ、バナナ、陸稲などを栽培 ・**アフリカ**、南米、東南アジア（熱帯地域）、インド
遊 牧	・水や牧草を求めて家畜とともに移動する牧畜 ・リャマ（アンデス）、ヤク（チベット）、トナカイ（ツンドラ）を飼育 ・中央アジア（**モンゴル**）、北アフリカ、北極海沿岸
オアシス	・人工的な**灌漑**によって、穀物などを栽培する農業 ・**オアシス**（サハラ砂漠）、外来河川（ナイル）、地下水路（カナート） ・**アスワンハイダム**（綿花、小麦）、ティグリス、ユーフラテス（なつめやし） ・ナイル川流域（エジプト）、イラン高原、サハラ砂漠
集約的 自給的稲作 （アジア式）	・**降水量**が多い、低湿な沖積平野で行われる農業 ・土地生産性が低い（機械化の遅れ）、労働生産性が低い ・1960年代、多収品種が導入され、収穫量増（緑の革命） ・東アジア（日本）、東南アジア（**タイ**）、長江中下流域、インド
集約的 自給的畑作 （アジア式）	・**降水量**が少ない、気温が低めの地域で行われる農業 ・小麦やコウリャン（中国）、綿花（インド） ・東北部、**華北**（中国）、**デカン**高原（インド）

148

● **商業**的農業…生産物の販売が目的（経営の主体）。

	おもな特徴と分布地域
混 合	・作物栽培の輪作と家畜飼育（中世の三圃式から発展） ・フランス（西欧最大の農業国）、ドイツ、アメリカ（コーンベルト）
酪 農	・乳牛の飼育に特化し、乳製品（酪製品）を生産する農業 ・北海沿岸、五大湖周辺（アメリカ）、デンマーク
地中海式	・耐乾性の強い果樹と自給用の穀物を栽培する農業 ・夏（オリーブ、オレンジ、コルクがし）、冬（小麦、大麦） ・地中海沿岸（イタリア）、カリフォルニア（アメリカ）、チリ中部
園 芸	・都市への出荷を目的とした農業（野菜、果樹、花卉） ・大西洋沿岸（北アメリカ）、オランダ

一般知識 人文科学　地理

● **企業**的農業…最初から利潤を得る目的で、農産物を大量生産する。

	おもな特徴と分布地域
企業的穀物 企業的畑作	・大型の機械を利用し、大規模に栽培（販売に重点） ・小麦、とうもろこし、大豆 ・プレーリー（アメリカ）、パンパ（アルゼンチン）、ウィニペグ（カナダ）
企業的牧畜	・牧場で生産される畜産物の販売がおもな目的 ・羊毛、皮革、肉類（品種改良に積極的） ・グレートプレーンズ（アメリカ）、カンポ（ブラジル）、オーストラリア
プラン テーション	・欧米人が資本と技術を提供、現地の住民や移民を利用して、商品作物を単一耕作（モノカルチャー）する ・コーヒー、天然ゴム、パーム油、カカオ豆、サトウキビ ・ブラジル、マレーシア、インドネシア、ガーナ、ナイジェリア

農牧業の特徴・生産作物・分布地域に着目しよう。

149

2. 土壌の分布

● **成帯**土壌…気候や**植生**の影響を受けた土壌（帯状に分布）。

	おもな特徴と分布地域
ラトソル （ラテライト）	・**赤**色、やせ地（農耕に適さない） ・**熱帯雨林**、熱帯、亜熱帯地方に分布
ポドゾル	・**灰白**色、やせた酸性の土壌 ・亜寒帯（冷帯）の**タイガ**に分布
褐色森林土	・**褐**色の肥沃土（表層の腐食層は暗黒色、下層は褐色） ・温暖湿潤気候、西岸海洋性気候などの落葉広葉樹林帯に分布
チェルノーゼム （黒　土）	・**黒**色の肥沃土 ・ロシア〜**ウクライナ**、グレートプレーンズに分布。世界的な小麦地帯を形成
プレーリー土	・**黒**色の肥沃土 ・**プレーリー**（アメリカ）、パンパ（アルゼンチン）に分布

● **間帯**土壌…**母岩**や地形の影響を受けた土壌（**局地**的に分布）。

	おもな特徴と分布地域
テラロッサ	・**赤褐**色、石灰岩が風化して生成した土壌 ・**地中海**沿岸に分布。オリーブ栽培などに適する
テラローシャ	・**赤紫**色、玄武岩や輝緑岩が風化して生成した土壌 ・**ブラジル**高原南部に分布。コーヒー栽培に適する
レグール	・**黒**色の肥沃土、玄武岩が風化して生成した土壌 ・**デカン**高原（インド）に分布。綿花栽培に適する

土壌の色・分布地域に着目しよう。間帯土壌から覚えよう。

3. 世界の農作物データ

＜三大穀物の生産量（2018年）＞

●米

1	中国	27.1%
2	インド	22.1%
3	インドネシア	10.6%

●小麦

1	中国	17.9%
2	インド	13.6%
3	ロシア	9.8%

●とうもろこし

1	アメリカ	34.2%
2	中国	22.4%
3	ブラジル	7.2%

＜三大穀物の輸出量（2017年）＞

●米

1	インド	27.1%
1	タイ	26.1%
3	ベトナム	13.1%

●小麦

1	ロシア	16.8%
2	アメリカ	13.9%
3	カナダ	11.2%

●とうもろこし

1	アメリカ	32.9%
2	ブラジル	18.1%
3	アルゼンチン	14.7%

生産量と輸出量の違いに注意しよう。

＜おもな農作物の生産（2018年）＞

●オレンジ

1	中国	25.6%
2	ブラジル	16.1%
3	インド	7.6%

●コーヒー豆

1	ブラジル	34.5%
2	ベトナム	15.7%
3	コロンビア	7.0%

●茶

1	中国	41.2%
2	インド	21.2%
3	ケニア	7.8%

Q CHECK問題（　）にあてはまる言葉を答えよ。　**A 解答**

❶〔　〕農業は森林を焼き、草木灰を肥料とする。 ≫ 焼畑

❷〔　〕は乳牛を飼育し、乳製品を生産する。 ≫ 酪農

❸ プランテーションでは商品作物を〔　〕する。 ≫ モノカルチャー

❹〔　〕土壌は、植生や気候の影響を強く受けている。 ≫ 成帯

❺〔　〕土壌は、母岩や地形の影響を強く受けている。 ≫ 間帯

人文科学 04 地理
エネルギーと鉱産資源

重要 1. エネルギーの生産量

●石炭 (2017年)

1	中国	54.7%
2	インド	10.5%
3	インドネシア	7.2%

●原油 (2019年)

1	アメリカ	15.3%
2	ロシア	14.0%
3	サウジアラビア	12.2%

●天然ガス (2018年)

1	アメリカ	21.9%
2	ロシア	18.2%
3	イラン	5.9%

主要生産国1位〜3位を覚えておこう。

- 世界全体のエネルギーの国別消費量は、中国、アメリカ、インド、ロシア、日本の順となっている。
- エネルギー資源別にみると、石油がもっとも多く使われており、次に石炭、天然ガス、原子力、水力の順となっている。

重要 2. 一次エネルギーの供給構成 (2017年)

- 中国は3分の2が石炭、ロシアは2分の1が天然ガス。
- フランスでは積極的に原子力開発を進めた結果、原子力の占める割合が大きい。
- 日本の原子力は2011年の震災後、割合が極端に減少した。

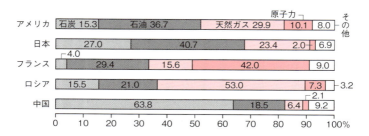

3. 鉱産資源の生産量

●金鉱 (2017年)

1	中 国	13.2%
2	オーストラリア	9.3%
3	ロシア	8.4%

●銀鉱 (2016年)

1	メキシコ	20.2%
2	ペルー	16.4%
3	中 国	13.1%

●銅鉱 (2015年)

1	チ リ	30.2%
2	中 国	9.0%
3	ペルー	8.9%

●鉄鉱石 (2017年)

1	オーストラリア	36.3%
2	ブラジル	17.9%
3	中 国	14.9%

●ボーキサイト (2017年)

1	オーストラリア	28.5%
2	中 国	22.7%
3	ギニア	15.0%

●白金族 (2017年)

1	南アフリカ	58.1%
2	ロシア	23.1%
3	ジンバブエ	5.9%

一般知識　人文科学　地理

主要生産国1位、2位を覚えておこう。

❶ 〔　　〕は、石炭の生産量が世界1位である。　》　中国

❷ 〔　　〕は、原油の生産量が世界1位である。　》　アメリカ

❸ 〔　　〕は、一次エネルギーの供給で原子力の占める割合がもっとも高い。　》　フランス

❹ 〔　　〕は、一次エネルギーの供給で原子力の割合が極端に減少した。　》　日本

❺ 〔　　〕は、ボーキサイトの生産量が世界1位である。　》　オーストラリア

人文科学 **05**

地理
アジア地誌

1. 東アジア

国　名	首　都	宗教・言語	輸出品・政策・経済など
中　国	北　京	仏教、道教 中国語	機械類、衣類 **一人っ子政策**の廃止 **BRICS** 香港・台湾（**アジアNIEs**）
韓　国	ソウル	キリスト教 仏　教 韓国語	機械類、自動車 **アジアNIEs** 北緯**38**度線、朝鮮戦争

重要 ## 2. 東南アジア

国　名	首　都	宗教・言語	輸出品・政策・経済など
タ　イ	バンコク	**仏**　教 タイ語	機械類、自動車 ASEAN
マレーシア	クアラルンプール	**イスラム**教 マレー語	機械類、石油製品 **ブミプトラ**政策（マレー人優遇策） **ルックイースト**政策（工業化政策） ASEAN
シンガポール	シンガポール	仏　教 イスラム教 英　語 中国語 マレー語	機械類、石油製品 中継貿易で発展 **華人**が人口の3/4 ASEAN **アジアNIEs**

国　名	首　都	宗教・言語	輸出品・政策・経済など
インドネシア	ジャカルタ	イスラム教 インドネシア語	石炭、パーム油、機械類 鉄鉱業（東南アジア最大） 世界最大の島嶼国家（人口世界4位） ジャワ島に人口集中（人口の2／3） 東ティモール独立（2002年） ASEAN
フィリピン	マニラ	キリスト教 （カトリック） フィリピン語	機械類、建築用木工品 ASEAN
ベトナム	ハノイ	仏　教 ベトナム語	機械類、衣類、はきもの ドイモイ（市場開放政策） ASEAN

3. 南アジア

国　名	首　都	宗教・言語	輸出品・政策・経済など
インド	デリー	ヒンドゥー教 ヒンディー語	石油製品、ダイヤモンド、機械類 カースト制度、BRICS カシミール紛争
パキスタン	イスラマバード	イスラム教 ウルドゥ語	繊維品、衣類 カシミール紛争
バングラデシュ	ダッカ	イスラム教 ベンガル語	衣類、繊維品
スリランカ	スリジャヤワルダ ナプラコッテ	仏　教 シンハラ語	衣類、茶 シンハラ人とタミル人との民族対立

各国の宗教・政策・経済などを中心に理解しよう。
まずは、東南アジアの地誌をしっかりと覚えよう！

4. 西アジア

国 名	首 都	宗教・言語	輸出品・政策・経済など
サウジアラビア	リヤド	イスラム教 アラビア語	原油、石油製品 OPEC・OAPECの中心 聖地メッカ
イラン	テヘラン	イスラム教 (シーア派) ペルシア語	石油、天然ガス
イラク	バグダッド	イスラム教 アラビア語	原油
イスラエル	エルサレム	ユダヤ教 ヘブライ語	ダイヤモンド、機械類 パレスチナ問題
トルコ	アンカラ	イスラム教 トルコ語	機械類、自動車、衣類 ヨーロッパ(ドイツ)への出稼ぎ労働者 クルド人問題

5. アジアの国々と独立年

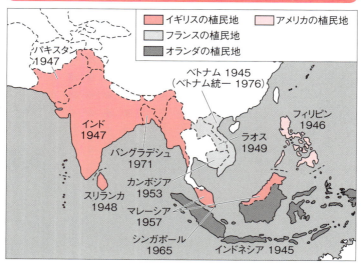

6. 近年の中東情勢

- IS（イスラム国）…シリアとイラクに支配領域をもつ、イスラム教スンニ派の過激派武装集団。
- 組織のリーダーと目されるアブバクル・バグダディは、預言者ムハンマドの後継者として「カリフ」を名乗り、世界中のイスラム教徒にジハード（聖戦）への参加を求めた。
- 2017年12月現在、シリア政府軍に協力していたロシア軍の侵攻により、シリア国内のISは崩壊。ロシアのプーチン大統領がシリアでのISを掃討したと宣言。これに対しアメリカは時期尚早と述べている。
- イラクにおいても2017年10月に、イラク政府軍などによる攻撃で、北部の都市ラッカを制圧したと発表。ISの事実上の崩壊を宣言した。

一般知識 人文科学

地理

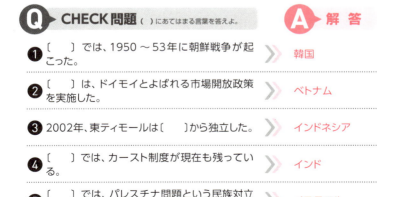

Q CHECK問題 （　）にあてはまる言葉を答えよ。	A 解答
❶ 〔　　〕では、1950～53年に朝鮮戦争が起こった。	韓国
❷ 〔　　〕は、ドイモイとよばれる市場開放政策を実施した。	ベトナム
❸ 2002年、東ティモールは〔　　〕から独立した。	インドネシア
❹ 〔　　〕では、カースト制度が現在も残っている。	インド
❺ 〔　　〕では、パレスチナ問題という民族対立がある。	イスラエル

157

人文科学 **06** 地理

ヨーロッパ地誌

1. 西欧

国 名	首 都	宗教・言語	輸出品・政策・経済など
イギリス	ロンドン	イギリス国教会 英 語	機械類、自動車 世界初の産業革命 EU離脱
ドイツ	ベルリン	プロテスタント ドイツ語	機械類、自動車、EU ルール工業地帯 ベルリンの壁崩壊
フランス	パ リ	カトリック フランス語	機械類、航空機、観光客世界一、EU 西欧最大の農業国
オランダ	アムステルダム	カトリック プロテスタント オランダ語	機械類、石油製品、EU ポルダー、園芸農業 国土の4分の1が海面下
スイス	ベルン	カトリック プロテスタント 独・仏・伊語 ロマンシュ語	金（非貨幣用）、医薬品、機械類 永世中立国、多民族国家 EU未加盟

2. 南欧

国 名	首 都	宗教・言語	輸出品・政策・経済など
イタリア	ローマ	カトリック イタリア語	機械類、自動車、EU
スペイン	マドリード	カトリック スペイン語	自動車、機械類、EU リアス海岸
ポルトガル	リスボン	カトリック ポルトガル語	機械類、自動車、EU
ギリシア	アテネ	ギリシア正教 ギリシア語	石油製品、機械類、野菜・果実、EU 観光産業、海運業

3. 北欧・その他

国 名	首 都	宗教・言語	輸出品・政策・経済など
スウェーデン	ストックホルム	プロテスタント スウェーデン語	機械類、自動車 福祉国家、EU（ユーロ未導入）
ノルウェー	オスロ	プロテスタント ノルウェー語	原油、天然ガス ソグネフィヨルド、北海油田 EU未加盟
フィンランド	ヘルシンキ	プロテスタント フィンランド語	機械類、紙類、石油製品 森林資源、EU フィン人
デンマーク	コペンハーゲン	プロテスタント デンマーク語	機械類、医薬品 EU（ユーロ未導入）
ロシア	モスクワ	ロシア正教 ロシア語	原油、石油製品、天然ガス BRICS

ユーロ未導入の国には要注意！

CHECK問題 ( )にあてはまる言葉を答えよ。　　解 答

❶ 18世紀後半、〔　〕で世界初の産業革命が起こった。 ≫ イギリス

❷ 〔　〕は、ルール工業地帯を中心とした大工業国である。 ≫ ドイツ

❸ 〔　〕の干拓地をポルダーという。 ≫ オランダ

❹ 南欧の〔　〕には、リアスと呼ばれる鋸歯状の海岸がある。 ≫ スペイン

❺ 〔　〕は、社会保障が進んだ福祉国家である。 ≫ スウェーデン

人文科学 07 地理

アメリカ地誌

1. 北米

国 名	首 都	宗教・言語	輸出品・政策・経済など
アメリカ合衆国	ワシントンD.C.	プロテスタント カトリック 英 語	機械類、自動車 多民族国家、NAFTA
カナダ	オタワ	カトリック プロテスタント 英 語 仏 語	自動車、機械類、原油 NAFTA

2. 南米

国 名	首 都	宗教・言語	輸出品・政策・経済など
ブラジル	ブラジリア	カトリック ポルトガル語	大豆、機械類、肉類 BRICS、メルコスール
アルゼンチン	ブエノスアイレス	カトリック スペイン語	植物性油かす、自動車 湿潤パンパ（小麦） 乾燥パンパ（エスタンシア＝牧羊） メルコスール
ペルー	リ マ	カトリック スペイン語	銅鉱、金（非貨幣用） 水産業、インカ帝国
コロンビア	ボゴタ	カトリック スペイン語	原油、石炭、コーヒー豆 世界有数のコーヒー生産国
チ リ	サンティアゴ	カトリック スペイン語	銅、銅鉱、野菜・果実 銅の産出（世界1位）
ベネズエラ	カラカス	カトリック スペイン語	原油、石油製品、メルコスール マラカイボ湖（油田）

ラテンアメリカでは、ポルトガル語圏のブラジルには要注意。

160

3. 中米

国　名	首　都	宗教・言語	輸出品・政策・経済など
メキシコ	メキシコシティ	カトリック スペイン語	機械類、自動車 銀の産出（世界1位） NAFTA
キューバ	ハバナ	カトリック スペイン語	ニッケル、化学品、医療品、砂糖 キューバ革命（カストロ） 冷戦（キューバ危機） 共和制（社会主義）
パナマ	パナマシティ	カトリック スペイン語	バナナ、エビ等魚介類 パナマ運河（水門式） 商船保有量（世界1位）

キューバは東西冷戦とも関係があるよ。しっかり押さえよう！

4. 国交回復

- 2015年7月、アメリカとキューバは1961年に断絶した国交を54年ぶりに回復した。
- これにより、相手国の首都に再び大使館を設置した。

CHECK問題 （　）にあてはまる言葉を答えよ。

❶ 〔　〕は、人口の80％を白人が占める多民族国家である。 ≫ アメリカ

❷ 〔　〕のケベック州には、フランス系の住民が多い。 ≫ カナダ

❸ 〔　〕は、NAFTAの加盟国であり、銀の産出が多い。 ≫ メキシコ

❹ 〔　〕は、かつてポルトガルの植民地であり、主要言語はポルトガル語である。 ≫ ブラジル

❺ 〔　〕では、大地主が所有する大牧場をエスタンシアという。 ≫ アルゼンチン

人文科学　08　地理

アフリカ・オセアニア地誌

1. アフリカ

国　名	首　都	宗教・言語	輸出品・政策・経済など
エジプト	カイロ	イスラム教 アラビア語	野菜・果実、原油、金（貨幣用） **アスワンハイダム**の灌漑
ナイジェリア	アブジャ	イスラム教 キリスト教 英　語	原油、液化天然ガス アフリカ最大の**人口**
ガーナ	アクラ	キリスト教 イスラム教 英　語	金（非貨幣用）、**カカオ**豆、原油 **ヴォルタ**川流域の総合開発
ケニア	ナイロビ	キリスト教 英　語 **スワヒリ**語	茶、園芸作物、衣類 ホワイトハイランド
南アフリカ 共和国	プレトリア	キリスト教 英　語 アフリカーンス語	自動車、機械類、白金族 **アパルトヘイト**の廃止 BEE政策、**BRICS**
エチオピア	アディスアベバ	コプト教 イスラム教 アムハラ語	**コーヒー豆**、野菜・果実 アフリカ最古の**独立**国
リベリア	モンロビア	キリスト教 英　語	天然ゴム、鉄鉱石 アフリカ最初の**黒人**共和国 代表的な**便宜置籍船**国

第二次世界大戦終了時の独立国は
エジプト、エチオピア、リベリア、南アフリカの4か国だけだよ。

2. オセアニア

国 名	首 都	宗教・言語	輸出品・政策・経済など
オーストラリア	キャンベラ	キリスト教 英 語	鉄鉱石、石炭、アボリジニ 白豪主義 → 多文化社会
ニュージーランド	ウェリントン	キリスト教 英 語	酪農品、肉類、マオリ族 北島（酪農）、南島（牧羊）

ニュージーランドの現首都ウェリントン、
旧首都のオークランドともに北島なので要注意。

一般知識　人文科学

地理

❶ 〔　　〕は、アスワンハイダムの灌漑で農地が増えた。　　　　　　　　　　エジプト

❷ 〔　　〕は250以上の民族からなり、アフリカ最大の人口をもつ。　　　　　　ナイジェリア

❸ 〔　　〕は、アパルトヘイトを廃止した。　　　　　　　　　　　　　　　　南アフリカ共和国

❹ 〔　　〕の先住民は、アボリジニである。　　　　　　　　　　　　　　　　オーストラリア

❺ 〔　　〕の先住民は、マオリ族である。　　　　　　　　　　　　　　　　　ニュージーランド

人文科学 **01** 思想
東西思想史（古代～中世）

1. 自然哲学

人　物	万物の根源（アルケー）
タレス	水
アナクシマンドロス	無限なるもの（ト＝アペイロン）
アナクシメネス	空　気
ヘラクレイトス	火 万物は流転する（パンタ＝レイ）
エンペドクレス	四元素（土・水・火・風）
ピタゴラス	数
デモクリトス	原子（アトム）

2. ソフィスト

プロタゴラス	・「人間は万物の尺度である」（相対主義）…普遍的・絶対的真理は存在しない
ゴルギアス	・真理の普遍的妥当性を否定（懐疑主義）

※ソフィスト（知者）…前5世紀頃には、ギリシアのポリスを巡回して教養や弁論術を教える職業教師が登場した。

3. 古代ギリシア

ソクラテス	・ソフィストの相対主義を克服 ・デルフォイの神託…「汝自身を知れ」 ・問答法（産婆術）を用いて、相手の無知を自覚させる ・無知の知（真理について何も知らないという自覚） ・「ただ生きるのではなく、善く生きること」
プラトン	・イデア論（二元論的世界観）…イデア界（理性）と現象界（感覚）に分ける ・エロース（最高のイデア＝善のイデアを求める衝動） ・哲人政治による理想国家…善のイデアを認識した哲学者が統治 ・主著『ソクラテスの弁明』『国家』『パイドン』 ・アカデメイア学園の設立
アリストテレス	・イデア論を批判（一元論、現実主義を主張）…事物は質料（ヒュレー）と形相（エイドス）からなる ・「人間はポリス（社会）的動物である」…国家の成立に深くかかわる正義と友愛を重んじる ・人間の最上の状態…「中庸（メソテース）」 ・主著『形而上学』『ニコマコス倫理学』 ・リュケイオン学園の設立

一般知識　人文科学

思想

ソクラテスには、主著がないので要注意。
プラトン（二元論）、アリストテレス（一元論）の
考え方の違いがポイントだよ。

4. ヘレニズムの思想

エピクロス	・エピクロス派（快楽主義）…「隠れて生きよ」 ・アタラクシア（魂の平静）が理想の境地
ゼノン	・ストア派（禁欲主義）…「自然に従って生きる」 ・アパティア（不動心）が理想の境地

重要 5. 諸子百家

孔子 (儒家)	・仁（人間としてのあり方）…心からの人間への愛 ・礼（道徳的行為や社会規範）…他者を敬う態度やふるまい ・徳治主義…徳を身につけた君子が人民を治めること。法治主義（法や刑罰で人民を治める）を批判 ・『論語』（孔子の死後、弟子たちが編集）
孟子 (儒家)	・性善説（人間の本性は善である） ・人間は誰でも、四端（惻隠・羞悪・辞譲・是非）が備わっており、これを養い育てれば、四徳（仁・義・礼・智）を身につけることができる ・王道政治…人民の幸福を第一に考える政治。覇道政治（権力を背景に人民を支配）を批判
荀子 (儒家)	・性悪説（人間の本性は悪である） ・礼治主義…社会規範によって人間の性質を矯正
老子 (道家)	・宇宙の根源は「道（タオ）」＝「無」 ・無為自然…「道」と一体化し、ありのままに生き育てること。小国寡民が理想
荘子 (道家)	・万物斉同…すべてのものは等しい価値をもつ ・逍遙遊の境地…真人に至るための、思い煩うことなくやすらかに生きる境地
墨子 (墨家)	・兼愛…無差別平等の人間愛。儒家の仁を別愛（差別的な愛）と批判
韓非子 (法家)	・法治主義…信賞必罰（厳格な法の適用）

> 儒家（徳治主義）と法家（法治主義）、
> 孟子（性善説）と荀子（性悪説）の違いに注意しよう。

重要 6. 鎌倉仏教

法然	・浄土宗の開祖、主著『選択本願念仏集』 ・専修念仏…ひたすら「南無阿弥陀仏」を唱える ・他力本願…阿弥陀仏の本願にすべてを委ねる

親鸞（しんらん）	・浄土真宗の開祖、主著『教行信証』 ・絶対他力…ひたすら阿弥陀仏の救済力にすがること。自然法爾（自力を捨てはからいにまかせる） ・悪人正機説…「悪人」こそ阿弥陀仏に救われる
一遍（いっぺん）	・時宗（浄土教の一派）の開祖…誰でも念仏すれば極楽往生 ・遊行上人、捨聖…弟子と全国を遊行 ・踊念仏による布教（空也にならう）…下層社会に広がり、多くの信者を得た
栄西（えいさい）	・臨済宗の開祖、主著『興禅護国論』 ・禅を重んじる（戒律を守らない風潮を批判）…看話禅（公案を考える禅）
道元（どうげん）	・曹洞宗の開祖、主著『正法眼蔵』 ・只管打坐（ひたすら坐禅をする）による身心脱落…修証一等（坐禅そのものが悟り）
日蓮（にちれん）	・日蓮（法華）宗の開祖、主著『立正安国論』 ・「南無妙法蓮華経」の題目を唱える…現世で成仏することができる ・四箇格言…他宗派を激しく批判。現実社会を変革し、仏国土の建国

一般知識　人文科学

思想

思想家の宗派・主張内容・主著をセットで理解しよう。
一遍には、主著がないので要注意だよ。

Q CHECK問題 （ ）にあてはまる言葉を答えよ。

A 解答

❶ 〔　〕は、問答法を用いて相手の無知を明らかにした。
》 ソクラテス

❷ 儒家の〔　〕は、徳治主義を唱えた。
》 孔子

❸ 荀子は、〔　〕説を唱えた。
》 性悪

❹ 浄土真宗の〔　〕は、悪人正機説を唱えた。
》 親鸞

❺ 〔　〕宗の道元は、ひたすら座禅することが悟りと説いた。
》 曹洞

167

人文科学 02 思想

西洋思想史（近世～近代）

重要 1. 経験論と合理論

ベーコン	・イギリス経験論の祖、主著『ノヴム＝オルガヌム』 ・「知は力なり」…知識を獲得し、自然に対する人間の支配力を増大させる ・4つのイドラ（先入観：種族・洞窟・市場・劇場）を排除 ・帰納法…観察や実験による多数の事例から、そこに共通する一般的な原理や法則を導き出す
ロック	・生得観念を批判、主著『人間知性論』 ・精神白紙説…生まれつきの人間の心は白紙（タブラ＝ラサ）であり、経験や感覚を通して、観念が形成される
ヒューム	・懐疑主義（懐疑論）…因果律の必然性を否定。すべての知識の客観的根拠を疑う
デカルト	・大陸合理論の祖、物心二元論、主著『方法序説』 ・良識（ボン＝サンス）…物事の真偽を判断する能力。人間が生得的に平等にもつ能力（生得観念） ・明晰判明な原理のみ真理…方法的懐疑。コギト＝エルゴ＝スム（「われ思う、ゆえにわれあり」）。近代的自我の目覚め ・演繹法…一般的な原理から出発し、個々の特殊な結論を導き出す
スピノザ	・物心二元論を批判、主著『エチカ』 ・「神 即 自然」…神だけを実態とする一元論 ・汎神論…万物はすべて神の表れ。自然のすべてが神、神は存在するものそのもの

イギリス経験論（ベーコン、ロック、ヒューム）、
大陸合理論（デカルト、スピノザ）の違いを理解しよう。

168

2. モラリスト

モンテーニュ	・主著『随想録（エセー）』 ・「ク=セ=ジュ（私は何を知るか）」（懐疑主義）…ソクラテスの「無知の知」にも通ずる
パスカル	・主著『パンセ』 ・「人間は考える葦である」 ・人間は無限と虚無、偉大と悲惨のあいだに浮かぶ中間者である

モラリストとは、本来は道徳家という意味だけど、特に16～18世紀のフランスでは人間性を探求した思想家たちを指すよ。

3. 権力分立論

ロック	・国家権力を立法権、執行権、同盟権に分ける ・議会の立法権が国王の執行権を抑制できる ・主著『統治二論（市民政府二論）』
モンテスキュー	・国家権力を立法権、行政権、司法権に分ける ・抑制と均衡（チェック=アンド=バランス） ・主著『法の精神』…三権分立論

ロックが唱えた権力分立と、三権分立論の違いに注意。

4. 王権神授説

論　者	・イギリス…ジェームズ１世、フィルマー ・フランス…ルイ14世、ボシュエ
特　徴	・絶対王政を支える理論的な根拠 ・国王の支配権を神によって根拠づける…王権は、国王が神から授かったものであり、いかなる制約も受けない神聖不可侵な権利である

5. 自然法思想

グロティウス	・近代自然法の父、国際法の父、オランダの法学者 ・主著『戦争と平和の法』(自然法を国際関係に適用) ・自然法…人間の理性(本性)から導き出される法。時代や国を超えた普遍的な法、法体系の最上位 ・自然権…自然法にもとづく人間の権利であり、すべての人間が生まれながらにもっている権利 ・社会契約説…自然法思想を基礎とする。王権神授説を否定、自然状態を想定

6. ドイツ観念論

カント	・批判哲学(合理論と経験論を統合)…主著『純粋理性批判』『実践理性批判』『判断力批判』。これらを三批判書という ・コペルニクス的転回…「対象が認識に従う」 ・定言命法…道徳法則(道徳律)は普遍妥当的 ・自律(道徳法則に従う)の能力をもった人間(人格)…「人間性を、つねに同時に目的として扱い、決して単に手段として扱わないように行為せよ」 ・「目的の王国」を国際社会で実現…『永久平和のために』
ヘーゲル	・カント批判(道徳法則に従う自由は内面的・観念的)…単に個人が良心に従うだけでなく、互いに他者を認め合う「相互承認」による、理性の自己実現を説いた ・主著『精神現象学』『法の哲学』 ・絶対精神…自由を実現していく過程 ・弁証法…すべてのものが「正→反→合」で発展。正・反の立場を高い次元で統合(止揚=アウフヘーベン) ・人倫…真の自由が実現される場、法と道徳の統合。「家族→市民社会→国家」の三段階を経て発展

「自由」に対する主張の違いがポイント！

7. 功利主義

ベンサム	・「最大多数の最大幸福」… 快楽計算（快楽の大きさを数量化）、量的功利主義 ・主著『道徳および立法の諸原理序説』
J=S=ミル	・質的功利主義…精神的快楽は質の差があり、量的計算できない ・「満足した豚より、不満足の人間の方がよい」…「満足した愚者より、不満足なソクラテスの方がよい」 ・主著『功利主義』『自由論』

快楽計算に対する主張の違いがポイント！

CHECK 問題 （ ）にあてはまる言葉を答えよ。　解答

❶ ベーコンは、〔　〕法を唱えた。　　　　　　帰納

❷ デカルトは、〔　〕法を唱えた。　　　　　　演繹

❸ 〔　〕は、主著『法の精神』のなかで三権分立論を唱えた。　　モンテスキュー

❹ 〔　〕は、道徳法則に従うことを自律と考えた。　　カント

❺ 〔　〕は、快楽は数量的に計算できると説いた。　　ベンサム

人文科学 03 思想
西洋思想史（現代）

1. 科学的社会主義

| マルクス | ・空想的社会主義（オーウェン、サン＝シモン、フーリエ）を批判
・主著『資本論』『共産党宣言』
・人間＝類的存在、人間の本質＝労働
・労働の疎外…資本家（ブルジョワ）が生産手段を私有。労働者（プロレタリア）は自己の労働力を商品化。労働を強いられ、苦役になっている
・下部構造（土台）が上部構造（制度）を規定…唯物史観（あらゆる社会の歴史は階級闘争の歴史） |

重要 2. 実存主義

有神論的実存主義	キルケゴール	・主著『死にいたる病』『あれか、これか』 ・主体的真理が重要…「あれか、これか」の決断 ・実存の三段階…美的→倫理的→宗教的（単独者）
	ヤスパース	・主著『理性と実存』『哲学』 ・限界状況を直視…超越者と出会い、実存に目覚める
無神論的実存主義	ニーチェ	・主著『ツァラトゥストラ（ゾロアスター）はかく語りき』 ・「神は死んだ」（キリスト教の没落）… ニヒリズムの到来 ・超人（力への意思を体現）…新たな価値を創造
	ハイデッガー	・主著『存在と時間』 ・「現存在（ダーザイン）」としての人間…「死への存在」を自覚し、実存に目覚める
	サルトル	・主著『存在と無』 ・人間は自らをつくりあげていく投企的存在…「実存は本質に先立つ」、アンガージュマン（社会参加）の重視

有神論的実存主義と無神論的実存主義の違いを理解しよう。

3. プラグマティズム（実用主義）

パース	・概念（観念）の意味を明らかにする ・概念の意味を明瞭化するために、対象に及ぼす効果を考える
ジェームズ	・真理の有用性（真理であるか否かの基準）…ある観念が有用な結果をもたらすかどうかで判断 ・科学的な世界観と宗教的価値観の調和
デューイ	・主著『哲学の改造』『民主主義と教育』 ・道具主義… 知性や理論も人間の道具であり、有用性に価値がある ・民主主義（デモクラシー）の実現…問題解決学習の提唱

一般知識　人文科学

思想

❶〔　　〕は、階級闘争により社会主義が実現されるとした。　　マルクス

❷〔　　〕は、主体的真理の重要性を追求した。　　キルケゴール

❸〔　　〕は、挫折を通じて永遠の超越者に出会うとした。　　ヤスパース

❹〔　　〕は、新たな人間の理想像を超人と呼んだ。　　ニーチェ

❺〔　　〕は、知性は問題を解決するための道具と考えた。　　デューイ

人文科学 04 思想
日本思想史（近世）

1. 江戸儒学

林羅山（らざん）	・朱子学、主著『三徳抄』 ・上下定分の理…幕藩体制の正当化 ・「敬」の重視…存心持敬。私利私欲を抑え、心をつねに理と一つにする ・幕府は寛政異学の禁を出して、朱子学を官学化した。幕府直轄の学問所（昌平坂学問所）を創設
中江藤樹（とうじゅ）	・日本陽明学の祖、朱子学批判、主著『翁問答』 ・「孝」の重視…道徳の根源（本質は「愛敬」）。真心をもって人に親しみ、上を敬い下を侮らない ・良知をただちに行為に移す（知行合一）
伊藤仁斎（じんさい）	・古義学、主著『童子問』 ・孔子と孟子の教えや精神に立ち返るべきことを主張 ・「誠」…仁や愛を実現するための心の在り方。自他ともに心に偽りをもたない（「真実無偽」）
荻生徂徠（おぎゅうそらい）	・古文辞学、主著『弁道』 ・古代中国の言語、風俗、制度を踏まえ古典を読解 ・先王の道…礼楽刑政（儀礼、音楽、刑罰、政治） ・儒教の目的…経世済民（世を治め、民を救う）

林羅山（朱子学）と徳川幕府の関係に着目しよう。

2. 国学

本居宣長（もとおりのりなが）	・国学の大成者、主著『古事記伝』 ・文芸の本質…「もののあはれ」（『源氏物語』の研究） ・漢意の除去…「生まれながらの真心（道）」に生きる

174

3. 民衆の思想

石田梅岩（いしだばいがん）	・石門心学の創始者、主著『都鄙問答』 ・商人の商業活動を正当化…商人の倫理を「正直」と「倹約」と説く
安藤昌益（あんどうしょうえき）	・農本主義の思想家、主著『自然真営道』 ・理想社会…万人直耕の自然世。武士や商人を批判（不耕貪食の徒）
二宮尊徳（にのみやそんとく）	・「農は万業の大本である」（『二宮翁夜話』） ・農業…「天道」（自然の営み）と「人道」の働き ・報徳思想…分度と推譲（報徳の具体的な在り方）

一般知識 人文科学

思想

Q CHECK問題 ( )にあてはまる言葉を答えよ。	A 解答
❶〔　〕は徳川家康に仕え、上下定分の理を説いた。	林羅山
❷〔　〕は古義学を提唱し、誠を重視した。	伊藤仁斎
❸〔　〕は『古事記伝』を著し、国学を完成させた。	本居宣長
❹〔　〕は、商人のために心学を説いた。	石田梅岩
❺〔　〕は、農村復興に取り組んだ。	二宮尊徳

人文科学 05 思想

日本思想史（近代）

重要 1. 啓蒙思想

福沢諭吉	・慶應義塾を創設、主著『学問のすゝめ』 ・天賦人権論…西洋の自然権思想にもとづく。人間は生まれながらに自由・平等・幸福追求の権利をもっている ・独立自尊…人間の尊厳の自覚。個人は、政府や他人に依存せず、自らの判断で行動し、自立の生計をたてる ・実学（数理学）の重要性…儒学などは退ける ・脱亜論…近代的な改革が進まないアジアとの連帯を断念、近代的な西欧諸国の仲間入りをする

重要 2. 民権思想

中江兆民	・東洋のルソー、主著『民約訳解』…ルソーの『社会契約論』の漢文訳 ・民権の分類（『三酔人経綸問答』）…為政者が人民に恵み与えた権利（恩賜的民権）を、自ら勝ち取った権利（恢復的民権）に育てていく
植木枝盛	・主著『民権自由論』 ・東洋大日本国国憲按…私擬憲法（民間人が起草者）。君主機能の制限、基本的人権の無条件保障、人民の抵抗権・革命権などを規定

福沢（イギリス功利主義、官民調和）と、
中江・植木（仏流急進論、主権在民）の違いに注意！
自由民権運動との関連も忘れずに。

3. キリスト教思想

内村鑑三	・主著『余は如何にして基督信徒となりし乎』 ・二つのJ…イエス（Jesus）と日本（Japan）に生涯を捧げる ・「武士道に接木されたるキリスト教」 ・不敬事件…教育勅語への礼拝を拒み、講師を辞職した。キリスト教徒として、天皇を神として拝むことを拒否 ・無教会主義…教会や儀式にとらわれず、直接聖書の言葉と向き合い、自己の信仰を深める
新渡戸稲造	・国際連盟事務次長、「太平洋のかけ橋とならん」 ・キリスト教と日本文化の融合（『武士道』）、日本文化の海外への紹介

4. その他

西田幾多郎	・主著『善の研究』 ・純粋経験…主観と客観とが区別される以前の、根本的な経験
和辻哲郎	・主著『人間の学としての倫理学』 ・間柄的存在…他者との関係性における人間存在。人間は、個人であると同時に社会的存在でもある

CHECK問題（ ）にあてはまる言葉を答えよ。

❶ 〔　　〕は、『学問のすゝめ』のなかで天賦人権論を唱えた。　≫　福沢諭吉

❷ 〔　　〕は、ルソーの『社会契約論』を漢訳した。　≫　中江兆民

❸ 〔　　〕は、東洋大日本国国憲按のなかで抵抗権を認めた。　≫　植木枝盛

❹ 〔　　〕は無教会主義を唱え、二つのJに生涯を捧げた。　≫　内村鑑三

❺ 〔　　〕は、日本人の普遍的な道徳規範として『武士道』を掲げた。　≫　新渡戸稲造

人文科学 **01**

文学・芸術

日本の文学史

1. 上代の文学（4世紀前半～平安京遷都まで）

詩　歌	『万葉集』	日本最古の歌集、大伴家持らが編纂
神話・伝承	『古事記』	日本最古の歴史書、稗田阿礼が誦習し、太安万侶が撰録
	『日本書紀』	日本最古の勅撰の歴史書、舎人親王らが編纂

2. 中古の文学（平安時代～鎌倉幕府開幕まで）

和　歌	『古今和歌集』	醍醐天皇の命により撰進、紀友則、紀貫之らが選者
物　語	『竹取物語』	日本最古の作り物語、かぐや姫をめぐる奇譚
	『源氏物語』	作者は紫式部、「もののあはれ」を表現
	『伊勢物語』	日本最古の歌物語、主人公は在原業平とされる
日記・随筆	『土佐日記』	日本最古の日記文学、作者は紀貫之
	『枕草子』	作者は清少納言、「をかし」の文学

3. 中世の文学（鎌倉時代～江戸幕府開幕まで）

和　歌	『新古今和歌集』	後鳥羽院の命により撰進、藤原定家、藤原家隆、寂蓮ら6名が選者
物　語	『平家物語』	平家一門の興亡の過程を描いた軍記物語
随　筆	『方丈記』	作者は鴨長明、人間の世の無常を記す
	『徒然草』	作者は吉田兼好、無常観による処世訓・人生論

4. 近世の文学（江戸時代～大政奉還まで）

詩　歌	『おくのほそ道』	俳人松尾芭蕉による紀行文
小　説	『好色一代男』	井原西鶴の浮世草子第一作
	『南総里見八犬伝』	滝沢馬琴の伝奇小説
浄瑠璃	『曽根崎心中』	近松門左衛門の最初の世話物
歌舞伎	『東海道四谷怪談』	鶴屋南北の生世話物、下層社会を写実的に描写

5. 近現代の文学(明治以降)

小説・評論	『小説神髄』	坪内逍遙の文学論、心理的写実主義を主張
	『舞姫』	森鷗外の初期の代表作、浪漫主義の先駆け
	『吾輩は猫である』	夏目漱石の代表作、反自然主義を掲げる
	『羅生門』	芥川龍之介の代表作、新現実主義

作品名は作者とセットで覚えよう。

＜まとめて覚えるもの＞
- **三大歌集**…『万葉集』『古今和歌集』『新古今和歌集』
- **八代集**…『古今和歌集』『後撰和歌集』『拾遺和歌集』『後拾遺和歌集』『金葉和歌集』『詞花和歌集』『千載和歌集』『新古今和歌集』

※新古今和歌集のみ鎌倉時代の成立で、ほかは平安時代の成立である。

- **六歌仙**…在原業平、小野小町、僧正遍昭、文屋康秀、喜撰法師、大伴黒主

CHECK問題 ( )にあてはまる言葉を答えよ。 / 解答

❶ 〔　〕は日本最古の歴史書で、稗田阿礼が伝誦した。　》　古事記

❷ 〔　〕は松尾芭蕉が著した俳諧紀行文である。　》　おくのほそ道

❸ 〔　〕は井原西鶴の浮世草子第一作である。　》　好色一代男

❹ 坪内逍遙は、〔　〕で心理的写実主義を主張した。　》　小説神髄

❺ 『吾輩は猫である』は〔　〕の代表作であり、反自然主義を掲げた。　》　夏目漱石

一般知識　人文科学　文学・芸術

179

人文科学 **02** 文学・芸術
世界の美術・音楽

1. 中世建築様式

- ●ビザンツ様式…**ハギア=ソフィア大聖堂** (トルコ)
- ●ロマネスク様式…**ピサ大聖堂** (イタリア)、ヴォルムス大聖堂 (ドイツ)
- ●ゴシック様式…**ノートルダム大聖堂** (フランス)、**ケルン大聖堂** (ドイツ)、ウェストミンスター寺院 (イギリス)

2. ルネサンス

作　者	作　品	特　徴
マサッチオ (伊)	『貢の銭』	線遠近法の導入
レオナルド=ダ=ヴィンチ (伊)	『モナ・リザ』『聖アンナと聖母子』	空気遠近法の導入

3. バロック美術 (絵画)

- ●**ベラスケス (西)** …『ラス・メニーナス (女官たち)』
- ●**ルーベンス (蘭)** …『キリスト昇架』『聖母子と諸聖人』
- ●**レンブラント (蘭)** …『夜警』『ユダヤの花嫁』

4. 19世紀の美術

主　義	作　者	作　品
新古典主義	**ダヴィッド (仏)**	『ナポレオンの戴冠式』
ロマン主義	**ドラクロワ (仏)**	『民衆を導く自由の女神』
写実・自然主義	**ミレー(仏)**	『種をまく人』
印象派	**モネ (仏)**	『睡蓮』
後期印象派	**ゴッホ (蘭)**	『自画像』『ひまわり』

180

5. 世界の音楽

主義	作者	作品
バロック音楽	バッハ (独) (音楽の父)	『ブランデンブルク協奏曲』
	ヘンデル (独) (音楽の母)	『メサイア』
古典派	ハイドン (墺) (交響曲の父)	『天地創造』『四季』
	モーツァルト (墺) (神童)	『フィガロの結婚』『魔笛』
	ベートーヴェン (独) (楽聖)	『英雄』『田園』『運命』
ロマン派	シューベルト (墺) (歌曲の王)	『野ばら』『魔王』
	ワーグナー (独) (楽劇王)	『タンホイザー』『ローエングリン』
	リスト (ハンガリー) (ピアノの魔術師)	『ハンガリー狂詩曲』

作品名は作者とセットで覚えよう。

 CHECK 問題 ( )にあてはまる言葉を答えよ。　　解 答

① ピサ大聖堂は、〔　〕様式の代表的建築物である。　　ロマネスク

② 〔　〕は、空気遠近法を導入した。　　レオナルド＝ダ＝ヴィンチ

③ バロック美術の代表的作品である『夜警』は、〔　〕の作品である。　　レンブラント

④ 『種をまく人』を描いた〔　〕は、写実主義の代表的芸術家である。　　ミレー

⑤ 歌曲『魔笛』を作曲した〔　〕は、古典派の代表的音楽家である。　　モーツァルト

人文科学 01 国語
同音異義語・四字熟語

1. 同音異義語

ショウチョウ	平和の**象徴**	**省庁**の再編
キュウメイ	**救命**病棟の医師	真相を**究明**
カンキ	注意を**喚起**する	**歓喜**の声
カンショウ	芸術**鑑賞**	花を**観賞**する
イッカン	終始**一貫**	行事の**一環**として
トク	絵の具を**溶く**	問題を**解く**
ハナス	子どもから目を**離す**	鳥を空に**放す**
ツク	席に**着く**	利益が**付く**
シメル	窓を**閉める**	ネクタイを**締める**

紛らわしい漢字を整理してみよう。

2. 四字熟語

①「一」が使われているもの

一刻千金（いっこくせんきん）	時間が貴重であるということの例え
一日千秋（いちじつせんしゅう）	待ち遠しいこと
一世一代（いっせいいちだい）	一生に一回かぎり
一期一会（いちごいちえ）	一生に一度だけの機会
一言居士（いちげんこじ）	何かにつけて、自分の意見を言わないと気が済まない人のこと
千載一遇（せんざいいちぐう）	千年に一回しかあえないようなめったにないこと
一心不乱（いっしんふらん）	1つのことに集中して、ほかのことに心を奪われないさま
一知半解（いっちはんかい）	知ってはいるが、よく理解してないこと

②その他のもの

四字熟語	意味
面目躍如（めんもくやくじょ）	世間の評価に値する活躍をしていて、生き生きとしているさま
五里霧中（ごりむちゅう）	手がかりがつかなくて、見込みが立たず困ること
傍若無人（ぼうじゃくぶじん）	人前をはばからず、勝手気ままに振舞うさま
付和雷同（ふわらいどう）	自分の考えがなく、軽々しく他人の説に同調すること
四面楚歌（しめんそか）	周囲がすべて敵や反対者で、まったく孤立して、助けや味方がいないこと
切磋琢磨（せっさたくま）	互いに励まし合い競争し合って、ともに向上すること
羊頭狗肉（ようとうくにく）	見かけは立派だが、内容がともなわないこと
徹頭徹尾（てっとうてつび）	初めから終わりまでということ
我田引水（がでんいんすい）	自分の都合のよいように取り計らうさま
荒唐無稽（こうとうむけい）	でたらめでよりどころがないさま
虎視眈々（こしたんたん）	機会や相手の隙を狙い様子をうかがうこと
空前絶後（くうぜんぜつご）	現在以前に例がなく、これから先もないであろうこと
前代未聞（ぜんだいみもん）	いまだかつて、まったく聞いたことがないこと

一般知識　人文科学

国語

Q CHECK問題 （ ）にあてはまる言葉を答えよ。　A 解答

❶ 鳩は平和の〔ショウチョウ〕である。　≫　象徴

❷ 美術館へ名画を〔カンショウ〕に行く。　≫　鑑賞

❸ 待ち遠しいことを、四字熟語で〔　　〕という。　≫　一日千秋

❹ 周囲から孤立して、助けも味方もないことを、四字熟語で〔　　〕という。　≫　四面楚歌

❺ 互いに励まし競争し合って、ともに向上することを、四字熟語で〔　　〕という。　≫　切磋琢磨

183

人文科学 **02** 国語
ことわざ・慣用句

1. 身体に関する漢字が使われているもの

足	足が棒になる	疲れること
	後足で砂を掛ける	恩をあだで返すような行為のこと
	足を向けて寝られない	恩人に対して感謝の気持ちを表した言葉
手	飼い犬に手を噛まれる	かわいがっていた者から害を受けること
	濡れ手で粟	苦労せず多くの利益を得ること
骨	骨が折れる	苦労すること
身	身を粉にする	懸命に働くこと
耳	耳にタコができる	同じことを何度も繰り返し聞かされること
歯	歯が浮く	キザな言動を見せつけられて不快に思うこと
尻	尻切れトンボ	中途半端になること
目	目から鼻に抜ける	頭の回転が速いこと
口	口が酸っぱくなる	同じ注意を何度も言うこと

2. 動物に関する漢字が使われているもの

井の中の蛙	世間知らずなこと
虻蜂取らず	欲を深くして失敗すること
窮鼠猫を噛む	必死になれば、弱者も強者を破ることがあるということ
蓼食う虫も好き好き	人の好みはさまざまということ
生き馬の目を抜く	事をなし、利を得るのに抜け目なく素早い様子をいう
竹馬の友	幼いときの友のこと
烏合の衆	規律も統制もない群衆のたとえ

魚に関することわざを整理してみるのもいいよ。

3. その他のもの

大は小を兼ねる	大きいものは小さいものの効用をあわせもっているということ
石橋を叩いて渡る	大変用心深いこと
転ばぬ先の杖	前もって用心すること
猫に鰹節	安心できないこと
急がば回れ	急いで危険な目に遭うより、時間がかかっても安全な手段を選ぶほうが早く目的を達成できるということ
好物に祟りなし	好きなものは食べ過ぎてもそれほど害にならない
思い立ったが吉日	物事は思い立ったらすぐに始めるほうがよいということ
郷に入っては郷に従え	新たにその土地に住む人は、その土地の習慣に従うべきということ
棚から牡丹餅	思いがけない幸運にめぐり会うこと
七転び八起き	何度失敗しても立ち上がること
ミイラ取りがミイラになる	人を探しに行った者が、そのまま帰らずに、逆に探される立場になること
二の足を踏む	ためらうこと

CHECK問題 ( )にあてはまる言葉を答えよ。

解答

❶ かわいがっていた者から裏切られたり、害を受けたりすることを、〔　〕という。

飼い犬に手を噛まれる

❷ 大変用心深いことを、〔　〕という。
石橋を叩いて渡る

❸ 前もって用心して取り組むことを、〔　〕という。
転ばぬ先の杖

❹ 物事は思い立ったときに始めるほうがよいということを、〔　〕という。
思い立ったが吉日

❺ 何度失敗しても立ち上がることを、〔　〕という。
七転び八起き

数学 01 式の計算

自然科学

基本的な公式を覚えて、正確に適切に計算できるようにしよう。

1. 展開と因数分解

① $a(x + b) = ax + ab$
② $(x + a)(x - a) = x^2 - a^2$
③ $(x + a)^2 = x^2 + 2ax + a^2$
④ $(x - a)^2 = x^2 - 2ax + a^2$
⑤ $(x + a)(x + b) = x^2 + (a + b)x + ab$
⑥ $(x - a)(x - b) = x^2 - (a + b)x + ab$
⑦ $(ax + b)(cx + d) = acx^2 + (ad + bc)x + bd$

2. 二次方程式の解

- $ax^2 + bx + c = 0$ $(a \neq 0)$ が $(px - q)(rx - s) = 0$
のように因数分解できるとき、
$px - q = 0$、または $rx - s = 0$ より、$x = \frac{q}{p}, \frac{s}{r}$
- $ax^2 + bx + c = 0$ $(a \neq 0)$ の解は、$\frac{-b \pm \sqrt{b^2 - 4ac}}{2a}$

3. 判別式

二次方程式の解の公式 $x = \frac{-b \pm \sqrt{b^2 - 4ac}}{2a}$ における、
$\sqrt{}$ のなかの $b^2 - 4ac$ を判別式と呼び、Dで表す。

- D > 0のとき…xは異なる2つの実数解をもつ。
- D = 0のとき…xは1つの実数解をもつ。
- D < 0のとき…xは異なる2つの虚数解をもつ。

4. 解と係数の関係

$ax^2 + bx + c = 0$ $(a \neq 0)$ の解が α と β とすると、
$\alpha + \beta = -\frac{b}{a}$、$\alpha\beta = \frac{c}{a}$

5. 二次不等式の解

$ax^2 + bx + c = 0$ （$a > 0$） の解がαとβであり、$\alpha < \beta$とする。
このとき、$ax^2 + bx + c < 0$ （$a \neq 0$） におけるxの解の範囲は、
$\alpha < x < \beta$である。
また、$ax^2 + bx + c > 0$ （$a > 0$） におけるxの解の範囲は、
$x < \alpha$、$\beta < x$ である。

6. 指数

① $a^0 = 1$　　② $a^m \times a^n = a^{m+n}$　　③ $a^m \div a^n = a^{m-n}$

④ $a^{-n} = \dfrac{1}{a^n}$　　⑤ $(a^m)^n = a^{mn}$　　⑥ $a^{\frac{1}{n}} = \sqrt[n]{a}$

⑦ $a^{\frac{m}{n}} = \sqrt[n]{a^m}$　　⑧ $(ab)^m = a^m b^m$

一般知識　自然科学

数学

Q CHECK問題 （　）にあてはまる言葉を答えよ。

A 解答

❶ $x^2 - 9$を因数分解すると、〔　〕となる。

$(x + 3)(x - 3)$
$x^2 - 9$ は $x^2 - 3^2$

❷ $(x - 3)(x - 4)$を展開すると、〔　〕となる。

$x^2 - 7x + 12$
$x^2 - (3 + 4)x + 3 \times 4$
を解く

❸ $2x^2 + 3x - 2 = 0$のとき、xの2つの解は、〔　〕である。

$-2、\dfrac{1}{2}$
$x = \dfrac{-3 \pm \sqrt{3^2 - 4 \times 2 \times (-2)}}{2 \times 2}$
を計算

❹ $x^2 - 3ax + 4$が1つの実数解をもつ場合、aの値は〔　〕である。

$\pm \dfrac{4}{3}$
判別式 $D = 0$ より
$(-3a)^2 - 4^2 = 0$ を解く

❺ $x^2 - x - 20 \leq 0$のとき、xの値の範囲は、〔　〕である。

$-4 \leq x \leq 5$
$(x + 4)(x - 5) \leq 0$
を解く

自然科学 / 02 数学

関数

1. 一次関数

● **基本の式** $y = ax + b$

傾きの大きさがaであり、
$x = 0$ のとき $y = b$ となる直線。

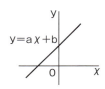

● **2つの直線の交点**

2つの一次関数のグラフ、
$y = ax + b$、$y = cx + d$ があるとき、$a \neq c$ ならば、$y = ax + b$ と $y = cx + d$ は1点で交わる。
交点の座標は、$y = ax + b$ と $y = cx + d$ を連立させて解いたときの、x と y の値である。

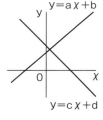

2. 二次関数

● **基本の式** $y = a(x - p)^2 + q$

グラフの頂点の座標 $(x、y) = (p、q)$
$a > 0$ のとき、下に凸のグラフとなる。
$a < 0$ のとき、上に凸のグラフとなる。

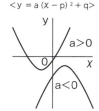

例) $y = 2x^2 - 4x + 5$ を、
$y = a(x - p)^2 + q$ に変形する。
$y = 2x^2 - 4x + 5 = 2(x^2 - 2x) + 5$
$\quad = 2(x^2 - 2x + 1) - (2 \times 1) + 5$
$\quad = 2(x - 1)^2 + 3$

> 二次関数の式は、グラフの頂点を示す形に変形しよう。

3. 三角関数

● 三角比
① $\sin\theta = \frac{a}{c}$
② $\cos\theta = \frac{b}{c}$
③ $\tan\theta = \frac{a}{b}$

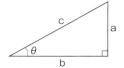

● 単位円と三角関数
① $\tan\theta = \frac{\sin\theta}{\cos\theta}$
② $\sin^2\theta + \cos^2\theta = 1$
（単位円の方程式、$x^2 + y^2 = 1$ より）
③ $1 + \tan^2\theta = \frac{1}{\cos^2\theta}$
（$\sin^2\theta + \cos^2\theta = 1$ の両辺を、$\cos^2\theta$ で割る）
④ $\sin(90° - \theta) = \cos\theta$、$\cos(90° - \theta) = \sin\theta$、
$\tan(90° - \theta) = \frac{1}{\tan\theta}$
⑤ $\sin(180° - \theta) = \sin\theta$、$\cos(180° - \theta) = -\cos\theta$、
$\tan(180° - \theta) = -\tan\theta$

CHECK問題 （ ）にあてはまる言葉を答えよ。

❶ $y = x - 2$ について、$x = 0$ のとき、$y = 〔　〕$ である。

→ -2
代入すると $y = 0 - 2$

❷ $y = 2x + 6$ と $y = -x - 3$ の交点は、$(x, y) = 〔　〕$ である。

→ -3、0
$2x + 6 = -x - 3$ を解いて答えを代入

❸ $y = -x^2 + 4x + 5$ のグラフは、〔　〕に凸のグラフである。

→ 上
$y = -(x - 2)^2 + 9$。
$a = -1$

❹ $y = -x^2 + 4x + 5$ のグラフの頂点の座標は、$(x, y) = 〔　〕$ である。

→ 2、9
$y = -(x - 2)^2 + 9$。
$p = 2$、$q = 9$

❺ 単位円において $\sin 30° = \frac{1}{2}$ のとき、$\tan 30° = 〔　〕$ である。

→ $\frac{1}{\sqrt{3}}$
$x = \frac{\sqrt{3}}{2}$、$y = \frac{1}{2}$ を
$\tan 30° = \frac{y}{x}$ に代入

自然科学 **01** 物理

物体の運動

重要 **1. v－tグラフ**

縦軸を速度v〔m/s〕、横軸を時間t〔s〕として、物体の運動の変化を折れ線グラフで表すとき、**加速度**はグラフの**傾き**として表され、物体の**移動距離**はグラフの**面積**で表される。
これを、**v－tグラフ**という。

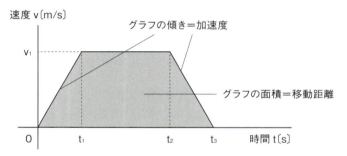

①停止していた物体が動き始め、一定の割合で加速し、t₁秒後に速度がv₁m/sになる。
②t₁秒からt₂秒後まで、速度v₁m/sのまま移動。
③t₂秒後から一定の割合で減速し、t₃秒後に停止。
④グラフで囲まれたグレー部分の面積が、物体の移動距離。

> 速度と時間のグラフから、物体の移動距離を求めよう。

2. 落下運動

種類	特徴	公式
①自由落下 ②鉛直投げ上げ	初速度0[m/s]の落下運動が**自由落下** 真上に投げ上げる運動が**鉛直投げ上げ** 自由落下と鉛直投げ上げは、同じ公式に値をあてはめて解く	落下速度 = v [m/s]、 落下時間 = t [s]、 落下距離 = y [m]、 重力加速度 $g = 9.8$ [m/s^2] のとき、 $v = gt$ $y = \frac{1}{2}gt^2$
③鉛直投げ下ろし	真下に投げ下ろす運動が**鉛直投げ下ろし**	初速度 = v_0 [m/s] のとき、 $v = v_0 + gt$ $y = v_0 t + \frac{1}{2}gt^2$

地球上の重力加速度の値は、9.8m/s^2 だよ。この値は覚えよう。

CHECK問題 ( )にあてはまる言葉を答えよ。

❶ 停止していた物体が一定の割合で加速し、30秒後に60m/sに達した。移動距離は〔　〕mである。

> **900**
> v－tグラフより
> 30 × 60 ÷ 2 = 900

❷ 15m/sで走行中の車がブレーキをかけ、3秒で停止した。制動距離は〔　〕mである。

> **22.5**
> v－tグラフより
> 15 × 3 ÷ 2 = 22.5

❸ 自由落下させた物体が7秒後に地面に落ちた。地面に落ちる直前の物体の速度は〔　〕m/sである。

> **68.6**
> 公式より
> $v = 9.8 × 7 = 68.6$

❹ 地上から真上に物体を投げ上げたら、6秒後に最高点に達した。その高さは〔　〕mである。

> **176.4**
> 公式より
> $y = \frac{1}{2} × 9.8 × 6^2$
> $= 176.4$

❺ 12m/sの初速度で物体を投げ下ろし、3秒後に地面に落ちた。投げ下ろした高さは〔　〕mである。

> **80.1**
> 公式より
> $y = 12 × 3 + \frac{1}{2} × 9.8 × 3^2 = 80.1$

自然科学 **02** 物理

力のつり合い

1. 力のつり合い

用　語	内　容
力のつり合い	物体にいくつかの力が作用しているとき、その合力が0であり、物体の運動の状態が変化しない（静止または等速直線運動している）状態
2力のつり合い	2力の作用が同一作用線上にあり、力の大きさが等しく、反対向きに作用している状態。 矢印の向きが「力の向き」を、長さが「力の大きさ」を意味している
3力のつり合い	任意の2力の合力と残りの力が同一作用線上にあり、大きさが等しく、反対向きである状態（3力の合力が0）

重要 2. ばねの伸び

●フックの法則…ばねの弾性力（ばねを引く力、または、ばねが元に戻る力）と、ばねの伸びは比例する。

ばねのつなぎ方		1個あたりのばねの伸び
ばね1個のみ		x cm
ばねn個を 直列につなぐとき		x cm
ばねn個を 並列につなぐとき		$\dfrac{x}{n}$ cm

192

重要 **3. 浮力**

- アルキメデスの原理…液体に沈めた物体が受ける**浮力**の大きさは、沈めた物体と同じ体積の**液体**の**重さ**と等しい。
- 密度…単位体積あたりの物体の重さ〔g/cm³〕。水（4℃）の密度は1g/cm³。
- 浮力を求める式…**浮力 = 物体の液体中の体積 × 液体の密度**。

> 浮力に関係するのは、沈めた物体の体積と液体の密度だよ。

一般知識 自然科学

物理

	CHECK問題 （ ）にあてはまる言葉を答えよ。	解答
❶	「力のつり合い」とは、いくつかの力の〔　〕が0であり、物体が動かない状態のことである。	合力
❷	ばね1個を1kgの力で引くと伸びは10cm。引く力を2kgにすると、ばねの伸びは〔　〕cm。	20 引く力と伸びは比例する
❸	ばね1個を1kgの力で引くと伸びは10cm。ばね2個を直列につなぐと1個あたりのばねの伸びは〔　〕cm。	10 直列につなぐとき、1個あたりのばねの伸びは同じ
❹	ばね1個を1kgの力で引くと伸びは10cm。ばね2個を並列につなぐと1個あたりのばねの伸びは〔　〕cm。	5 並列に2個つなぐときは $\frac{10}{2}$ cm
❺	一辺の長さが10cmの立方体を完全に水（4℃）に沈めたとき、物体にはたらく浮力は〔　〕g。	1000 公式より 10cm × 10cm × 10cm × 1g/cm³を解く

自然科学　**03**　物 理

電 気

重要　**1. 電気の用語**

用　語	単　位	計算式の記号
電　流	アンペア〔A〕	I
電　圧	ボルト〔V〕	V
電力（消費電力）	ワット〔W〕	P
抵抗（電気抵抗）	オーム〔Ω〕	R

重要　**2. 電気の関係式**

● $V = RI$ （電圧 = 抵抗 × 電流）…オームの法則
● $P = VI$ （電力 = 電圧 × 電流）

3. 電気回路

抵抗と電池を金属導線で接続し、電流の道筋が1周してもどる、閉じた輪になっているもの。

電気回路の種類	特　徴
直列回路 R_1　R_2	・個々の抵抗を直列に接続した回路 ・どの抵抗にも、同じ大きさの電流が流れる ・電圧の大きさは、個々の抵抗で異なる
並列回路 R_1 R_2	・個々の抵抗を並列に接続した回路 ・どの抵抗にも、同じ大きさの電圧がかかる ・電流の大きさは、個々の抵抗で異なる

重要 4. 合成抵抗の計算

● **合成抵抗**…直列あるいは並列に接続した抵抗について、全体として1つにまとめた抵抗の値。

接続の種類	合成抵抗の計算方法
直列接続	合成抵抗 $R = R_1 + R_2 + R_3 + R_4 + R_5 + \cdots$
並列接続	合成抵抗 $R = \dfrac{1}{\dfrac{1}{R_1} + \dfrac{1}{R_2} + \dfrac{1}{R_3} + \dfrac{1}{R_4} + \dfrac{1}{R_5} + \cdots}$

直列接続と並列接続では、合成抵抗の計算方法が異なるよ。

一般知識　自然科学

物理

Q CHECK問題 ( )にあてはまる言葉を答えよ。　　A 解答

❶ 100Vの電源に電気ポットを接続して保温状態にすると、電流の大きさは0.5Aだった。このときの電気ポットの抵抗の大きさは〔　　〕Ω。

> 200
> 公式より
> $100 = R × 0.5$を解く

❷ 100Vの電源に600Wの電子レンジを接続して使用すると、電流の大きさは〔　　〕A。

> 6
> 公式より
> $600 = 100 × I$を解く

❸ 並列接続の回路では、各々の抵抗の〔　　〕の大きさが等しい。

> 電圧

❹ 50Ωの抵抗、70Ωの抵抗、100Ωの抵抗をすべて直列に接続した場合、合成抵抗の値は〔　　〕Ω。

> 220
> 直列接続なので
> $50 + 70 + 100 = 220$

❺ 20Ωの抵抗、30Ωの抵抗、60Ωの抵抗をすべて並列に接続した場合、合成抵抗の値は〔　　〕Ω。

> 10
> 並列接続なので
> $\dfrac{1}{\dfrac{1}{20}+\dfrac{1}{30}+\dfrac{1}{60}} = \dfrac{1}{\dfrac{6}{60}} = \dfrac{1}{\dfrac{1}{10}} = 10$

自然科学 04 物理

波動

1. 波を表す量

- **波長**…波の「1つ目の山から2つ目の山まで」の長さ。
- **振動数**…波が1秒間に振動(山から山まで往復)する回数。
- **振幅**…波が振動するときの「もとの位置から山まで」の長さ。

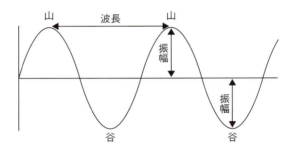

重要 2. 音波と光波(電磁波)の共通の特徴

- **反射**…波が媒質(気体、液体、固体)の境界面で、はね返る現象。
- **屈折**…波の進行方向が、媒質の境界面で折れ曲がる現象。
- **回折**…波が物体の裏側にまわり込む現象。波長が長い波ほどまわり込む範囲は広くなる。
- **干渉**…複数の波があるとき、山と山(または谷と谷)が重なると波を**強め合い**、山と谷が重なると波を**打ち消し合う**現象。
- **ドップラー効果**…観測者に近づく波は波長が短く観測され、遠ざかる波は波長が長く観測される現象。
  ① 音の**ドップラー効果**…近づく音は実際よりも**高く**聞こえ、遠ざかる音は実際よりも**低く**聞こえる。
  ② 光の**ドップラー効果**…近づく物体は実際よりも**青っぽく**見え、遠ざかる物体は実際よりも**赤っぽく**見える。

重要 ### 3. 音波の特徴

- **縦波**…波の進行方向と振動方向が同じ。
- **音速**…331.5 + 0.6t m/s （t：気温〔℃〕）。
- **媒質の有無**…音波が伝わる物質が**必要**（気体、液体、固体）。
- **音の3要素**…①**高さ**：**振動数**が異なる　②**強さ**：**振幅**が異なる　③**音色**：**波形**が異なる
- **うなり**（**音波**の**干渉**）…振動数が少し異なる2つの音叉（おんさ）を、近くに置いて鳴らすと、音の**強さ**が**周期的**に変化する。

重要 ### 4. 光波（電磁波）の特徴

- **横波**…波の進行方向に対して振動方向が垂直。進行方向に対して垂直に、360°あらゆる方向へ振動する。
- **光速**…約3.00×10^8 m/s （約30万km/秒）。
- **媒質の有無**…媒質は**不要**。真空中でも光波（電磁波）は伝わる。
- **分散**…**白色光**をプリズムや水滴に通すと、赤～紫の7色の光に分かれ、虹ができる。
- **偏光**…**偏光板**を通って**1**つの**振動面**をもつ光となったもの。

一般知識 自然科学

物理

音波と光波について、共通点と相違点を整理して理解しよう。

Q CHECK問題 （　）にあてはまる言葉を答えよ。　　**A 解答**

① 音波は〔　　〕が必要であり、光波は不要である。　　**媒質**

② 波が物体の裏側にまわり込む現象を〔　　〕という。　　**回折**

③ 振動数が少し異なる2つの音叉を鳴らすと、音の大きさが周期的に変化する現象を〔　　〕という。　　**うなり**

④ おもに光の〔　　〕により、太陽光から虹ができる。　　**分散**

⑤ 1つの振動面をもつ光を〔　　〕という。　　**偏光**

197

自然科学 05 物理

エネルギーの保存

1. 力学的エネルギー

- **エネルギー**…仕事に変換することのできる物理量。単位はジュール（記号はJ）。さまざまな形態（**運動**、**位置**、**熱**、**電気**、**光**、**化学**、**核**など）があり、互いに移り変わる。形態が変化しても、エネルギーの総量は変化しない。
- **運動エネルギー**…運動している物体がもつエネルギー。
質量 = m〔kg〕、速度 = v〔m/s〕のとき、
運動エネルギー K〔J〕= $\frac{1}{2}mv^2$
- **位置エネルギー**…高いところにある物体がもつ、重力によるエネルギー。
質量 = m〔kg〕、重力加速度 = g〔m/s²〕、高さ = h〔m〕のとき、
位置エネルギー U〔J〕= **mgh**
- **力学的エネルギー保存**の法則…位置エネルギー ＋ 運動エネルギー ＝ 力学的エネルギー。重力やばねの弾性力のみがはたらく場合、位置エネルギー ＋ 運動エネルギー ＝ **一定**となる。
- **運動量**…運動している物体がもつ量。
質量 = m〔kg〕、速度 = $\vec{v}$〔m/s〕のとき、運動量 = $\vec{mv}$
右向きの速度を正（＋）の値とした場合、右向きの運動量は正（＋）、左向きの運動量は負（－）となる。
- **運動量保存**の法則…衝突前の物体AとBの運動量の和 ＝ 衝突後の物体AとBの運動量の和。

> 仕事の前後で、エネルギーの総量は変化しないことを理解しよう。

2. 熱エネルギー

- **熱エネルギー**（**熱量**）…物体を構成する原子・分子の熱運動のエネルギー。単位はジュール（記号はJ）。高温の物体から低温の物体にむかって移動する。
- **比熱**…物質1gの温度を1K（1K ＝ 1℃）上げるのに必要な熱量。単位は〔J/(g・K)〕。
  熱量 ＝ Q〔J〕、比熱 ＝ c〔J/(g・K)〕、質量 ＝ m〔g〕
  温度変化 ＝ ΔT〔K〕（デルタ）のとき、熱量Q ＝ **mcΔT**
- **熱容量**…ある物体全体の温度を1K上げるのに必要な熱量。単位は〔J/K〕。
  熱量 ＝ Q〔J〕、熱容量 ＝ C〔J/K〕、比熱 ＝ c〔J/(g・K)〕、質量 ＝ m〔g〕、温度変化 ＝ ΔT〔K〕のとき、熱容量C ＝ **mc**、熱量Q ＝ **CΔT**
- **熱量保存**の法則…高温の物体が失った熱量 ＝ 低温の物体が得た熱量。

一般知識 自然科学

物理

CHECK問題 （ ）にあてはまる言葉を答えよ。　解答

① 運動エネルギーを、質量 ＝ m〔kg〕、速度 ＝ v〔m/s〕で表すと、〔　〕となる。　》　$\frac{1}{2}mv^2$

② 位置エネルギーを、質量 ＝ m〔kg〕、重力加速度 ＝ g〔m/s²〕、高さ ＝ h〔m〕で表すと、〔　〕となる。　》　mgh

③ 運動量を、質量 ＝ m〔kg〕、速度 ＝ $\vec{v}$〔m/s〕で表すと、〔　〕となる。　》　$\vec{mv}$

④ ある物体全体の温度を1K上げるのに必要な熱量を〔　〕といい、物体の質量 × 物体の比熱で表す。　》　熱容量

⑤ 高温の物体と低温の物体を混ぜて一定の温度になったとき、高温の物体が失った熱量と、低温の物体が得た熱量が等しくなる。これを、〔　〕の法則という。　》　熱量保存

自然科学 01 化学

物質の構造

重要 1. 原子の構造

名　称	内　容
原　子	物質の基本的な単位。原子核と電子からなる。原子核に含まれる陽子の数と電子の数は等しい
原子核	陽子と中性子からなる。原子核は＋の電荷をもつ
陽　子	＋の電荷をもつ粒子。質量数は1（単位はなし）。陽子の数は元素の種類を決める
中性子	電気的に中性の粒子。質量数は1（単位はなし）
電　子	－の電荷をもつ粒子。原子核の周囲をまわっている。質量数は無視できるほど小さい（陽子の1840分の1）
原子量	質量数12の炭素原子1個を12とした質量の比。原子の質量数（陽子の数と中性子の数の和）に近い

※原子の質量数（原子量）＝ 陽子の数 ＋ 中性子の数。

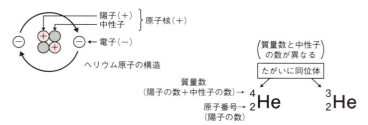

化学の基本。原子の構造と粒子の特徴を正しく理解しよう！

重要 2. 物質の構成

名　称	内　容
元　素	さまざまな物質の基本的な成分。元素の種類の違いは、原子核の陽子の数の違いによる
原子番号	各々の元素につけられた番号。各元素の陽子の数による

200

名称	内容
分子	1種類または複数の種類の元素が化学結合したもの。化合物の基本的な単位
同位体	同じ元素で、原子核の中性子の数が異なるもの。化学的性質は同じで、質量数や放射性などの物理的性質が異なる
同素体	同じ元素だけでできている単体の物質で、原子間の結合の違いにより、見た目や性質が大きく異なるもの 例）炭素の同素体…黒鉛、ダイヤモンド
電子殻	電子の軌道。一番内側の電子殻には、最大で2個の電子が入り、一番外側の電子殻（最外殻）には、最大で8個の電子が入る。最大数の電子が入ると、閉殻になる
最外殻	一番外側にある電子殻
価電子	最外殻の電子。価電子の数が元素の化学的性質に大きく影響している
イオン	原子が電子を放出したり、電子を受け入れたりして、最外殻を閉殻の状態にして安定になったもの。イオンは陽子数と電子数が異なるため、電荷をもつ。＋の電荷をもつと陽イオン、−の電荷をもつと陰イオンとなる
モル (mol)	物質の量を計る単位。さまざまな物質を、6×10^{23} 個集めた量が1モル (mol) である。6×10^{23} をアボガドロ数という。1モルの物質の質量は、その物質の原子量または分子量に g（グラム）をつけたものである

一般知識 自然科学

化学

CHECK問題 （　）にあてはまる言葉を答えよ。　解答

❶ 同位体は、原子核に含まれる〔　〕の数が互いに異なる。　　　中性子

❷ 炭素には黒鉛とダイヤモンドの2つの〔　〕がある。　　　同素体

❸ 原子が電子を放出すると〔　〕イオンになる。　　　陽

❹ 最外殻にある電子を〔　〕という。　　　価電子

❺ 1モル (mol) とは、物質を〔　〕個集めた量である。　　　6×10^{23}

自然科学 02 化学

元素

1. 元素の周期表

名称	内容
族	周期表の**縦**の列。左から右へ、第1族から第18族まで並んでいる。族の番号が同じ元素は**同族元素**と呼び、**化学的性質**が似ている
周期	周期表の**横**の列。上から下へ、第1周期から第7周期まで並んでいる。周期の番号は、各々の元素の電子が入っている**電子殻**の数と一致する
典型元素	1族、2族および12族〜18族の元素。**典型元素**では、族の番号の一の位の数が、**価電子**の数と一致する（ただし18族の最外殻は閉殻しているので、価電子数は0個）。 **金属元素**と**非金属元素**があり、 周期表の左・下にあるほど**金属性（陽性）**が強い 周期表の右・上にあるほど**非金属性（陰性）**が強い
遷移元素	3族〜11族の元素。**遷移元素**の最外殻の電子は2個または1個。遷移元素はすべて**金属元素**である

周期＼族	1	2	13	14	15	16	17	18
1	1 水素 H							2 ヘリウム He
2	3 リチウム Li	4 ベリリウム Be	5 ホウ素 B	6 炭素 C	7 窒素 N	8 酸素 O	9 フッ素 F	10 ネオン Ne
3	11 ナトリウム Na	12 マグネシウム Mg	13 アルミニウム Al	14 ケイ素 Si	15 リン P	16 硫黄 S	17 塩素 Cl	18 アルゴン Ar
4	19 カリウム K	20 カルシウム Ca						原子番号 元素名 元素記号

元素の周期表は、さまざまな元素を規則に従って並べた表だよ。

2. 代表的な同族元素の性質

名称	内容
1族	1価の陽イオンになりやすい。水素以外をアルカリ金属と呼ぶ。アルカリ金属はイオン化傾向が大きく、常温で水と激しく反応し、その水溶液は強いアルカリ性を示す。単体は天然には存在せず、イオンとして海中や鉱物中に含まれる
2族	2価の陽イオンになりやすい。ベリリウムとマグネシウム以外をアルカリ土類金属と呼ぶ。アルカリ土類金属はイオン化傾向が大きく、常温で水と反応し、その水溶液は強いアルカリ性を示す。単体は天然には存在せず、イオンとして海中や鉱物中に含まれる
17族	1価の陰イオンになりやすい。17族の元素をハロゲンと呼ぶ。単体は二原子分子として存在し、有色である。反応性は、原子番号が小さいほど大きい
18族	原子単独で化学的に安定している。18族の元素は希ガスと呼ばれ、単体は単原子分子として存在。融点・沸点が極めて低く、常温で気体である

一般知識 自然科学

化学

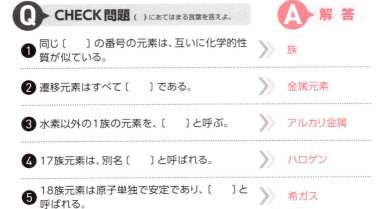

① 同じ〔　〕の番号の元素は、互いに化学的性質が似ている。　　族

② 遷移元素はすべて〔　〕である。　　金属元素

③ 水素以外の1族の元素を、〔　〕と呼ぶ。　　アルカリ金属

④ 17族元素は、別名〔　〕と呼ばれる。　　ハロゲン

⑤ 18族元素は原子単独で安定であり、〔　〕と呼ばれる。　　希ガス

203

自然科学 03 化学
法則と化学反応

1. 代表的な化学の法則

- **質量保存の法則**…すべての化学反応の前後で、物質の**質量**の総和は変化しない。
- **定比例の法則**…化合物の構成元素の質量比はつねに一定である。
- **倍数比例の法則**…2種類の元素でできた化合物が何種類かあるとき、1つの元素の一定質量と化合するもう1つの元素の質量は、簡単な整数比になる。

2. 化学結合

- **共有結合**…原子同士が**価電子**を互いに共有して、安定な電子配置になる結合。結合の力はもっとも強い。
- **イオン結合**…**陽イオン**と**陰イオン**が**電気的**に引き合う結合。結合の力は共有結合に次いで強い。
- **金属結合**…金属原子の価電子が**自由電子**となり、金属全体を自由に動きまわることで、金属原子全体に共有される結合。このため金属には、金属光沢、熱・電気の伝導性、展性・延性などの性質が見られる。
- **分子間力**…分子同士の**引力**による結合。結合力はもっとも弱い。

> 化学結合の違いが、化合物の性質に大きく関係しているよ。

重要 3. 燃焼の化学反応式のつくり方

化学反応式の左辺と右辺で、各々の元素の数が等しくなるよう、各物質の係数を調節する。

例) エチルアルコールを燃焼させる。

$$□C_2H_5OH + □O_2 → □CO_2 + □H_2O$$

(□はそれぞれの係数を表す)

化学式

エチルアルコール：C_2H_5OH、酸素：O_2、二酸化炭素：CO_2、水：H_2O

つくる手順

①C原子の数 … 左辺を確認後、右辺をあわせる。
②H原子の数 … 左辺を確認後、右辺をあわせる。
③O原子の数 … 右辺を確認後、左辺をあわせる。

C_2H_5OHの係数が1とすると、
①Cの原子は左辺 = 2個。右辺も2個のはずなので、CO_2の係数は2。
②Hの原子は左辺 = 6個。右辺も6個のはずなので、H_2Oの係数は3。
③右辺のOの原子は合計で7個。左辺のOの原子も7個になる。
　C_2H_5OHの中にOは1個あるので、残り6個はO_2で調節する。O_2の係数は3である。

よって化学反応式は、$C_2H_5OH + 3O_2 \rightarrow 2CO_2 + 3H_2O$となる。

一般知識 自然科学

化学

Q CHECK 問題 （　）にあてはまる言葉を答えよ。

A 解答

❶ すべての化学反応の前後で、物質の〔　　〕の総和は変化しない。
≫ 質量

❷ 共有結合では、それぞれの原子が互いの〔　　〕を共有する。
≫ 価電子

❸ イオン結合では、陽イオンと陰イオンが〔　　〕に引き合っている。
≫ 電気的

❹ 金属結合では、価電子が〔　　〕となっている。
≫ 自由電子

❺ メタン1モルを完全燃焼させるには、〔　　〕モルの酸素が必要である。
　$CH_4 + \square O_2 \rightarrow CO_2 + 2H_2O$
≫ 2
$CH_4 + 2O_2$
$\rightarrow CO_2 + 2H_2O$

205

自然科学 04 化学

気体の性質

1. 気体に関する法則

- ボイルの法則…一定量の気体について、**温度**が**一定**のとき、気体の**体積**vは**圧力**pに**反比例**する。
- シャルルの法則…一定量の気体について、**圧力**が**一定**のとき、気体の**体積**vは**絶対温度**Tに**比例**する。
- 絶対温度…0℃を273K（ケルビン）とする温度。
- 理想気体…分子の体積が0で、分子間力が0である気体。理想気体1モルの体積は、0℃、1atmで、**22.4**リットルである。

2. 気体の捕集方法

- **下方**置換法…空気より重く、水に溶けやすい気体を捕集する方法。塩素（Cl_2）、塩化水素（HCl）、硫化水素（H_2S）、二酸化炭素（CO_2）、二酸化硫黄（SO_2）、二酸化窒素（NO_2）などの捕集に用いる。
- **上方**置換法…空気より軽く、水に溶けやすい気体を捕集する方法。アンモニア（NH_3）などの捕集に用いる。
- **水上**置換法…水に溶けにくい気体を捕集する方法。水素（H_2）、酸素（O_2）、一酸化窒素（NO）、一酸化炭素（CO）、メタン（CH_4）などの捕集に用いる。

下方置換法

上方置換法

水上置換法

重要 ## 3. おもな気体の特徴

●水に溶ける気体

名 称	色	臭 い	特 徴
塩 素	黄 緑	刺激臭	漂白作用がある
二酸化炭素	無 色	無 臭	石灰水を白濁させる
塩化水素	無 色	刺激臭	アンモニアと反応して白煙
二酸化窒素	赤 褐	刺激臭	水に溶けて硝酸を生じる
アンモニア	無 色	刺激臭	塩酸と反応して白煙

●水に溶けない気体

名 称	色	臭 い	特 徴
水 素	無 色	無 臭	可燃性があり、爆発性が強い
酸 素	無 色	無 臭	助燃性がある
オゾン	淡 青	生臭い	紫外線を吸収。消毒、漂白作用
一酸化炭素	無 色	無 臭	猛毒。可燃性、還元性をもつ
一酸化窒素	無 色	無 臭	空気に触れて二酸化窒素（褐色）に変わる

それぞれの特徴をしっかり覚えよう。

一般知識 自然科学

化学

Q CHECK問題 （ ）にあてはまる言葉を答えよ。　A 解 答

❶ 一定量の気体の温度が一定のとき、気体の体積と〔　〕は反比例する。　≫　圧力

❷ 一定量の気体の圧力が一定のとき、気体の体積と〔　〕は比例する。　≫　絶対温度

❸ 水に溶けやすく、空気より重い気体は〔　〕で捕集する。　≫　下方置換法

❹ 塩素は〔　〕色の気体である。　≫　黄緑

❺ 酸素には、ほかの物質を燃焼させる〔　〕がある。　≫　助燃性

自然科学 01 生 物

細胞・酵素

重要

1. 細胞

名　称	動物細胞	植物細胞	おもなはたらき
核	○	○	生命活動の中枢。染色体をもつ。遺伝情報の保存と伝達を司る
ミトコンドリア	○	○	酸素呼吸でブドウ糖と酸素から、生命活動のエネルギーであるATPを生成
リボソーム	○	○	タンパク質合成
葉緑体	×	○	光合成を行い、二酸化炭素と水からブドウ糖と酸素を生成
中心体	○	コケ、シダ類のみ	細胞分裂時に、星状体および紡錘体を形成
小胞体	○	○	物質の輸送、代謝
ゴルジ体	○	○	物質の貯蔵、分泌
液　胞	非常に小さい	○	浸透圧の調節
細胞質基質	○	○	原形質流動。呼吸の解糖系の場
細胞膜	○	○	半透性をもつ。物質の能動輸送を行う
細胞壁	×	○	植物を支える役割。全透性をもつ

※細胞膜のように、溶媒などの小さな粒子だけを通す膜を半透膜といい、細胞壁のように大きな粒子も通す膜を全透膜という。

<細胞小器官>

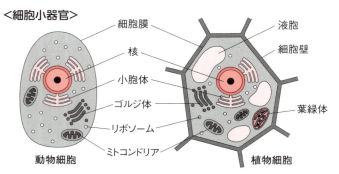

動物細胞　　　　　　　　　植物細胞

植物細胞だけに見られる細胞小器官に注意しよう。

208

2. 酵素

- 酵素は**生体触媒**。生命活動の際の化学反応を起こしやすくする。
- 酵素は**タンパク質**でできている（**高温**で**失活**する。**pH**の影響を受ける）。
- **基質特異性**（特定の基質にのみ作用すること）をもち、各々の酵素は特定の化学反応にのみ触媒作用を示す。
- 化学反応で酵素自体は変化しないため、**少量**で**長く**機能する。
- **最適温度**は、**35～40**℃くらい。**最適pH**は、各々の酵素で**異なる**。
- **補酵素**（非タンパク質）を必要とする酵素もある。

① 核は染色体をもち、生命活動と〔　〕を司る。 》 遺伝

② ミトコンドリアは酸素呼吸を司り、〔　〕を生成する。 》 ATP

③ リボソームは遺伝子の指示により、〔　〕を行う。 》 タンパク質合成

④ 葉緑体は〔　〕を司り、ブドウ糖と酸素を生成する。 》 光合成

⑤ 酵素は生体触媒である。タンパク質でできているため〔　〕で失活する。 》 高温

自然科学 02 生物

光合成と呼吸

重要 1. 光合成

植物細胞の**葉緑体**で、**光**のエネルギーを利用し、**二酸化炭素**と**水**から**ブドウ糖**を生成。赤と青の波長の光がよく吸収される。

	明反応	暗反応
葉緑体の部位	**チラコイド**（葉緑素を含む）	**ストロマ**（葉緑素を含まない）
光の要・不要	**必　要**	**不要**（一定の温度が必要）
反応の内容	・光のエネルギーで、**水**を**水素**と**酸素**に分解 ・少量の**ATP**を生成 ・酸素は放出	葉から吸収した**二酸化炭素**、明反応で得られた**水素**、**ATP**を用いて、**ブドウ糖**を生成

光合成の、明反応と暗反応で何が起こっているかを把握しよう。

- **光合成の三要素**…①光の強さ　②二酸化炭素の濃度　③温度
- **光補償点**…呼吸で排出する二酸化炭素の量と、光合成で吸収する二酸化炭素の量が等しくなる**光**の**強さ**。
- **光飽和点**…これ以上光を強くしても、光合成の速度が上がらなくなる、**光**の**強さ**。

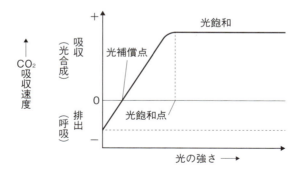

重要 2. 酸素呼吸

	解糖系	クエン酸回路	電子伝達系 （水素伝達系）
①部位	細胞質基質	ミトコンドリア	ミトコンドリア
②反応の内容	ブドウ糖をピルビン酸に分解	ピルビン酸をクエン酸に変化させる過程で、水素を取り出す	呼吸で得た酸素と、クエン酸回路から送られた水素を化合させて、水をつくる
③ATP量	2ATP	2ATP	34ATP

合計38ATPが生成される。

3. 無気呼吸

酸素を使わず、ブドウ糖を分解して少量のATP（2ATP）を生成すること。アルコール発酵、乳酸発酵がある。無気呼吸で2ATPを生成する反応は、酸素呼吸の解糖系と同じ反応。

Q CHECK問題（ ）にあてはまる言葉を答えよ。	A 解答
❶ 光合成では〔　〕色と青色の光がよく吸収される。	赤
❷ 光補償点とは、二酸化炭素の排出量と吸収量が等しくなる〔　〕。	光の強さ
❸ 光合成の〔　〕とは、光を必要としない反応である。	暗反応
❹ 酸素呼吸の反応過程は解糖系、〔　〕、電子伝達系からなる。	クエン酸回路
❺ 無気呼吸は、生成するATP量が酸素呼吸とくらべて〔　〕。	少ない

自然科学 03 生物

身体の調節①

1. 脳のはたらき

	はたらき
大 脳	随意運動、感覚の中枢。記憶、言語、感情、判断など高度な精神活動の中枢
間 脳	視床…嗅覚を除く感覚の中継点 視床下部…自律神経と内分泌系の中枢
中 脳	眼球の反射運動、姿勢保持の中枢
小 脳	平衡感覚、筋肉運動調節の中枢
延 髄	呼吸、心拍、唾液分泌の中枢。脳と脊髄の中継点

重要

2. 自律神経

	活発な身体活動	食物の消化活動
交感神経	促 進	抑 制
副交感神経	抑 制	促 進

交感神経と副交感神経は、それぞれ逆向きに働くことで、身体の調節をしているよ。

重要

3. 血糖値を調節するホルモン

	内分泌腺	はたらき
インスリン	すい臓（ランゲルハンス島）	血糖値を下げる
グルカゴン	すい臓（ランゲルハンス島）	血糖値を上げる
アドレナリン	副腎（髄質）	血糖値を上げる

※ホルモンは、身体の特定のはたらきを促す化学物質。血液によって目的の部位に運ばれる。

重要 4. 免疫

	内　容
抗　原	体内に侵入した異物。病気の原因
抗　体	抗原を攻撃して無毒化するもの。特定の抗原には、特定の抗体が生成されて作用する
抗原抗体反応	抗体が抗原を無毒化する反応
病後免疫	一度、特定の病気にかかって治ると、次からは発病しにくくなるはたらき。免疫が記憶されることによる
アレルギー	植物の花粉など、本来病原性がない物質が抗原として認識され、過敏な免疫反応が起きること
人工免疫	毒性を弱めた抗原を接種し、あらかじめ体内に抗体をつくっておくこと
HIV	エイズウイルス。感染すると免疫機構が働かなくなり、健康な状態ではかからない病気にかかりやすくなる

一般知識　自然科学

生物

CHECK問題 （　）にあてはまる言葉を答えよ。

❶ 間脳の視床下部は、〔　　〕と内分泌系の中枢である。　≫　自律神経

❷ 副交感神経は〔　　〕を促進する。　≫　消化活動

❸ すい臓から分泌される〔　　〕は、血糖値を下げる。　≫　インスリン

❹ 病原性がない物質でも、過敏な免疫反応である〔　　〕が発生することがある。　≫　アレルギー

❺ HIVは〔　　〕を働かなくさせるウイルスである。　≫　免疫機構

自然科学 04 生物

身体の調節②

1. 血液の成分と役割

	名 称	はたらき
有形成分 (45%)	赤血球	無核の細胞。赤い色素であるヘモグロビンを含み、ヘモグロビンによって酸素を運搬する
	白血球	有核の細胞。体内に侵入した細菌などを捕食（食作用）。リンパ球も白血球の一種
	血小板	無核の細胞片。出血の際、血液凝固を起こして止血する
液体成分 (55%)	血しょう	栄養素、無機塩類、ホルモンなどのほか、二酸化炭素、アンモニア、尿素などの老廃物、熱を運搬する

※血液は骨髄でつくられている。

2. 血液循環

- **体循環** … ①左心室→②大動脈・動脈→③全身の器官・組織（酸素を細胞へ受け渡し、二酸化炭素を受け取る）→④静脈・大静脈→⑤右心房（→⑥右心室に送られる）
- **肺循環** … ⑥右心室→⑦肺動脈→⑧肺（二酸化炭素を放出、酸素を吸収）→⑨肺静脈→⑩左心房（→①左心室に送られる）

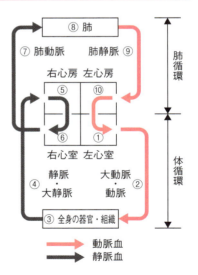

※右心房、右心室、左心房、左心室は、それぞれ心臓の部位名。

重要 3. 肝臓のはたらき

- **物質の代謝**…グリコーゲン、脂肪、タンパク質などの合成・分解。
- **解毒**…有害な物質の分解および無毒化。
- **尿素の合成**…有毒なアンモニアを、比較的無毒な尿素に変える。
- **胆汁の生成**…脂肪の消化を助ける胆汁を生成。
- **血液の貯蔵**…血液を貯蔵し、血流の量を調整。
- **熱の発生**…化学反応により、熱を発生。体温を維持調節。

重要 4. 腎臓のはたらき

- **ろ過**…腎臓の糸球体において、毛細血管からボーマンのうへ血しょう中のほとんどの成分がこし取られ、原尿が生成される。
- **再吸収**…原尿が細尿管を通る間に、有用な成分は再び毛細血管へ再吸収される。尿素は再吸収されずに残り、尿が生成される。尿はぼうこうへ送られた後、排出される。

> 肝臓は化学工場とも呼ばれる。
> 腎臓は血液から老廃物をこし取るはたらきがあるよ。

一般知識 自然科学

生物

Q CHECK問題 ( )にあてはまる言葉を答えよ。	A 解答
❶ 赤血球は〔　〕によって酸素を運搬する。	ヘモグロビン
❷ 白血球は〔　〕で細菌などを捕食する。	食作用
❸ 心臓において血液を全身に送り出す部位は〔　〕である。	左心室
❹ 肝臓は、有毒なアンモニアを比較的無毒な〔　〕に変える。	尿素
❺ 腎臓は〔　〕で血液から老廃物を含むほとんどの成分をこし取り、原尿を生成する。	糸球体

215

自然科学 **05** 生 物

遺 伝

1. 遺伝子の親から子への受け渡し

- 遺伝子の半数は父から、半数は母から受け継ぐ。
- 特定の対立形質（形、色など）を司る遺伝子を**対立遺伝子**と呼ぶ。対立遺伝子は**対**になっている。

重要 ## 2. メンデルの法則

- 優性の法則…**優性**の純系の親（P）（遺伝子型：AA）と劣性の純系の親（P）（遺伝子型：aa）を交配した場合、雑種第一代（F_1）（遺伝子型：Aa）の表現型は**優性**となる。
- 分離の法則…**対**になっている**対立遺伝子**が、配偶子ができるときに互いに分離し、1つずつ別々の**配偶子**に入る。
- 独立の法則…異なる染色体にある、異なる**対立遺伝子**は、それぞれ独立して**配偶子**に入る。

3. 1対の対立遺伝子の遺伝

1つの形質に注目して雑種第一代（F_1）同士を交配させると、雑種第二代（F_2）の表現型の出現割合は、**3：1**になる。

例）花の色の遺伝（赤：優性、白：劣性）

P：赤（AA）、白（aa）

F_1：赤（Aa）

F_2の出現割合　赤：白 ＝ **3：1**

F_1の配偶子 ＼ F_1の配偶子	A	a
A	AA（赤）	Aa（赤）
a	Aa（赤）	aa（白）

216

重要 4. 2対の対立遺伝子の遺伝

2つの形質に注目して雑種第一代(F_1)同士を交配させると、雑種第二代(F_2)の表現型の出現割合は、**9：3：3：1**になる。

例) 花の色と草丈の遺伝 (赤・高：優性、白・低：劣性)
P：赤 高 (AABB)、白 低 (aabb)
F_1：赤 高 (AaBb)
F_2の出現割合　赤 高：赤 低：白 高：白 低 = **9：3：3：1**

重要 5. 対立遺伝子の相互作用

- **不完全優性**…雑種が優性の遺伝子と劣性の遺伝子をあわせもつとき、優性の形質と劣性の形質の**中間**の**形質**が現れる作用。
- **補足遺伝子**…2対の対立遺伝子が**補足**的に働くことで、1つの形質が発現される遺伝子。
- **抑制遺伝子**…2対の対立遺伝子のうち、他方の優性遺伝子のはたらきを**抑制**する遺伝子。
- **致死遺伝子**…**純系**になったときに**致死作用**を発現する遺伝子。
- **複対立遺伝子**…**対立遺伝子**が対 (2種類) ではなく、3種類以上ある遺伝子。血液型の遺伝子 (A、B、O) など。

Q CHECK問題 ( )にあてはまる言葉を答えよ。　A 解答

❶ 〔　〕の法則とは、対立遺伝子が互いに別々の配偶子に入ることをいう。 　≫　分離

❷ 対立遺伝子について、優性の遺伝子と劣性の遺伝子をあわせもつ場合、〔　〕の遺伝子の形質が発現する。 　≫　優性

❸ 2対の対立遺伝子の遺伝では、F_2の表現型の出現割合は〔　〕となる。 　≫　9：3：3：1

❹ 遺伝子が〔　〕となったときに、致死作用を発現する遺伝子を致死遺伝子という。 　≫　純系

❺ 血液型の遺伝子は〔　〕と呼ばれ、A、B、Oの3種類がある。 　≫　複対立遺伝子

自然科学 01 地学

地球の構造・地震

1. 地球の内部構造

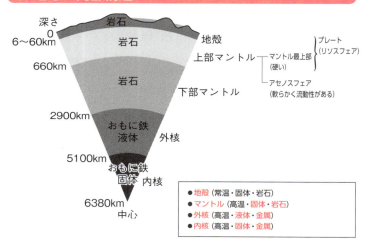

- 地殻（常温・固体・岩石）
- マントル（高温・固体・岩石）
- 外核（高温・液体・金属）
- 内核（高温・固体・金属）

重要

2. 地震波

- **P波**…縦波（疎密波）、地震の**初期微動**。S波より**早く**伝わり、固体、液体を伝わる。
- **S波**…横波、地震の**主要動**。P波より**遅く**伝わり、固体を伝わる。

P波とS波の特徴の違いを、正しく理解しよう。

重要

3. 地震の発生場所

- **震源**…地中で地震が発生した地点。
- **震央**…**震源**の真上の地表面の地点。

4. 地震の規模・被害程度

- **マグニチュード**…地震の規模（エネルギーの大きさ）を表す指標。マグニチュードが1大きいと、エネルギーは約32倍になり、2大きいとエネルギーは1000倍になる。
- **震度**…地震の揺れの大きさと被害状況の指標。日本で用いられる震度は、0、1、2、3、4、5弱、5強、6弱、6強、7の10段階で示される。

5. プレートテクトニクス

- **プレート**…地殻とマントル最上部をあわせた、厚さ約100kmの層。リソスフェアともいう。**大陸**プレートと、**海洋**プレートがあり、マントル対流によりゆっくりと移動する。プレートの運動によって 地震活動、火山活動、山脈の形成などが起きる。これを**プレートテクトニクス**という。
- **海嶺**…海底にある大山脈。海洋プレートがつくられる場所。
- **海溝**…海洋プレートが、大陸プレートの下に沈み込む場所。地震や火山活動が多発する。

CHECK問題 （ ）にあてはまる言葉を答えよ。

① 地球内部の外核は液体の層であり、地震波の〔　〕が伝わらない層である。 ≫ S波

② 地球内部の〔　〕は軟らかく流動性がある。 ≫ アセノスフェア

③ 〔　〕は、地殻とマントル最上部をあわせた厚さ約100kmの層である。 ≫ プレート（リソスフェア）

④ 海洋プレートは海嶺で生じ、〔　〕で沈み込む。 ≫ 海溝

⑤ 地震波の〔　〕は地震の初期微動をもたらす。 ≫ P波

自然科学 02 地学

気象

1. 気団

温度・湿度などの性質が一様になった空気のかたまり。気団の多くは高気圧。大陸の気団は乾燥しており、海上の気団は多湿である。

名　称	発源地	時　期	特　徴
シベリア気団	シベリア	冬	西高東低の気圧配置。強い北西の風。元は低温・乾燥だが、日本海を通して水蒸気を大量に含み、日本海側に大雪を降らせる
小笠原気団	日本の南方海上	夏	南高北低の気圧配置。南東の風。高温・多湿で、蒸し暑くなる
揚子江気団	揚子江流域以南	春・秋	高温・乾燥で、移動性高気圧と低気圧が交互に東進
オホーツク海気団	オホーツク海	梅雨 秋の長雨	低温・多湿で、高温・多湿の小笠原気団と勢力が拮抗して東西に停滞前線が伸び、長雨となる

季節ごとに影響を与える気団と、気象状況を把握しよう。

2. 前線

寒気と暖気が接する前線面と地面との交線を、前線と呼ぶ。

寒冷前線断面

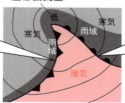
温帯低気圧

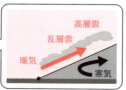
温暖前線断面

● 温暖前線

温帯低気圧の**東**側に伸び、暖気が寒気の上をはいあがることでできる。暖気と寒気の接触面は**なだらか**。温暖前線が近づくと**巻雲**が広がり、**高層雲**や**乱層雲**が現れて**穏やかな雨**が続く。

● 寒冷前線

温帯低気圧の**西**側に伸び、寒気が暖気の下にもぐりこむことでできる。寒気と暖気の接触面が**急**。寒冷前線が通過する際は、**積乱雲**が発達し、**夕立**や**雷雨**となる。

● 停滞前線

湿った寒気と湿った暖気の勢力が拮抗してできる前線。**梅雨**や**秋**の**長雨**の季節に日本列島を東西に伸びる。

● 閉塞前線

寒冷前線が**速く**進むことで、温暖前線に**追いついた**状態の前線。

一般知識 自然科学

地学

 CHECK問題 ( )にあてはまる言葉を答えよ。   解答

❶	シベリア気団が発達すると、〔　〕の気圧配置となる。	西高東低
❷	梅雨の時期は、〔　〕気団と小笠原気団の勢力が拮抗する。	オホーツク海
❸	夏に小笠原気団が日本列島を覆うと、〔　〕の気圧配置となる。	南高北低
❹	〔　〕が近づくと巻雲が広がり、穏やかな雨が続く。	温暖前線
❺	〔　〕が通過する際には積乱雲が発達し、激しい雨が降る。	寒冷前線

221

自然科学 03 地学

太陽系

1. 太陽系の構成

恒星である太陽を中心に、周囲を公転する**惑星**、**準惑星**、**小惑星**、彗星、そして、惑星の周囲を公転する**衛星**、惑星間物質（ガス・塵）などで構成されている。

重要 2. 地球型惑星と木星型惑星の特徴

	地球型惑星	木星型惑星
該当惑星	水星、金星、地球、火星	木星、土星、天王星、海王星
構成物質	岩石の地殻、金属の核	水素、ヘリウム、メタンの大気。岩石・氷の核
公転軌道	太陽系の内側	太陽系の外側
赤道半径	小	大
質量	小	大
密度	大	小
自転周期	長い	短い
環（リング）	無	有
衛星数	0～2	14～79

同じ太陽系の惑星でも、地球型惑星と木星型惑星では、様相が大きく異なるので、特徴の違いを把握しよう。

重要

3. 惑星の特徴

● 水星…**大気**がない。昼夜の温度差が約600℃。**多数**の**クレーター**が存在。

● 金星…**二酸化炭素**の分厚い大気。温室効果で地表面の平均気温**460**℃。**90**気圧。**自転**方向が**公転**方向と**逆**（太陽系で唯一）。

● 地球…地表面に**液体**の**水**が存在（太陽系で唯一）。**窒素**と**酸素**の大気。多種多様な生命が存在する。

● 火星…赤茶けた地表面。希薄な**二酸化炭素**の大気。北極と南極に、大気中の二酸化炭素が凍ってできた**極冠**がある。

● 木星…太陽系最大の惑星。大気の乱流による縞模様。巨大な渦である**大赤斑**が見られる。多数の**衛星**をもつ。細い**環**をもつ。

● 土星…巨大な**環**をもつ。大気の乱流による縞模様。**密度**は太陽系最小。

● 天王星…**自転軸**が約90度傾いたまま**公転**。**環**をもつ。

● 海王星…**青い**惑星。表面に**大黒斑**、白雲が見られる。細い**環**をもつ。

4. 地球の運動

名　称	特　徴
自　転	・天の北極から見て、**反時計回り**に回転 ・自転周期…約23時間56分4秒 ・自転軸の傾き…公転軌道面に垂直から**23.4**˚傾いている。季節ごとの**昼夜**の**時間**の変化、**気候**の変化が生じる原因となっている
公　転	・天の北極から見て、**反時計回り**に太陽を周回 ・公転軌道の形…太陽を一方の焦点とする**楕円** ・公転周期…約365.24日

一般知識 自然科学

地学

5. 月の運動

名　称	特　徴
自　転	・天の北極から見て、反時計回りに回転 ・自転周期…約27.32日（公転周期と完全に同期）
公　転	・天の北極から見て、反時計回りに地球を周回 ・公転周期…約27.32日（自転周期と完全に同期） ・公転周期と自転周期が完全に同期しているため、月は地球に対して**つねに同じ面**を向けている
月　食	・太陽、地球、月の順に一直線に並ぶとき、地球から見て、月が地球の本影に入って隠される現象
日　食	・太陽、月、地球の順に一直線に並ぶとき、地球から見て、太陽が月によって隠される現象
潮　汐	・月の引力などの影響により、海水面の高さが周期的に昇降する現象

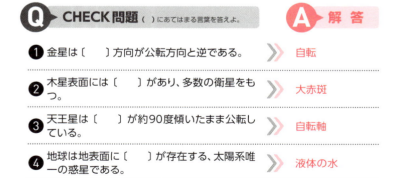

CHECK問題 （　）にあてはまる言葉を答えよ。　　**解答**

❶ 金星は〔　　〕方向が公転方向と逆である。　≫　自転

❷ 木星表面には〔　　〕があり、多数の衛星をもつ。　≫　大赤斑

❸ 天王星は〔　　〕が約90度傾いたまま公転している。　≫　自転軸

❹ 地球は地表面に〔　　〕が存在する、太陽系唯一の惑星である。　≫　液体の水

❺ 木星型惑星は地球型惑星とくらべて〔　　〕が短い。　≫　自転周期

第2章

一般知能

数的推理

判断推理

空間把握

資料解釈

文章理解

数的推理

01 解法のコツ①
式を工夫する

1. 整数

例　題

ある2桁の正の整数がある。この整数は、各位の数の和の3倍よりも13大きく、また、十の位と一の位の数を入れ替えると、もとの整数よりも9大きくなるという。この整数はいくらか。

1 32　　**2** 34　　**3** 36　　**4** 38　　**5** 40

解法の手順

①2桁の正の整数を文字で表す

②「各位の数の和の3倍よりも13大きく」を式にする

$$\underset{①}{10A + B} = \underset{②}{3(A + B) + 13} \quad \cdots (1)$$

$$\underset{③}{10B + A} = \underset{④}{10A + B + 9} \quad \cdots (2)$$

③「十の位と一の位の数を入れ替える」を式にする

④「もとの整数よりも9大きくなる」を式にする

式を整理すると (1) $7A - 2B = 13$、(2) $A = B - 1$。
(2) を (1) に代入すると $A = 3$、$B = 4$。
34が正解なので、答えは2。

H　ヒント

● 2桁の正の整数を文字で表すと、$10A + B$。

● 3桁の正の整数を文字で表すと、$100A + 10B + C$。

2. 仕事算

例題

ある仕事をAは30日、Bは50日で終える。Aが12日間仕事をした後、Bがこの仕事を引き継いだとすると、終えるまでに合計で何日かかるか。

1 30日　　**2** 38日　　**3** 40日　　**4** 42日　　**5** 48日

解法の手順

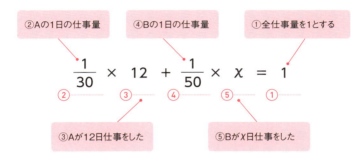

式を整理すると $\frac{4}{10} + \frac{x}{50} = 1$。
両辺に50をかけて $20 + x = 50$。$x = 30$。
仕事を終えるのにかかる日数は、$12 + 30 = 42$日間なので、答えは4。

ヒント

- ①全仕事量を1として、これを終えるまでの時間から、仕事の速さ（1日の仕事量）を求める。

- ②Aは1の仕事を30日で終えるので、1日の仕事量は $\frac{1}{30}$。

- ③Aが $\frac{1}{30}$ で12日間仕事をした場合、終えた仕事量は $\frac{1}{30} \times 12$。

- ④、⑤Bも同様に考える。

数的推理 **02** 解法のコツ②
図を使う

1. 仕事算

例題
ある工務店では、家を建てるのに15人の大工で40日かかる。同じ家を30日で建てるとすると、大工はあと何人必要か。ただし仕事の速さはみな同じものとする。

1 4人　**2** 5人　**3** 6人　**4** 8人　**5** 10人

解法の手順

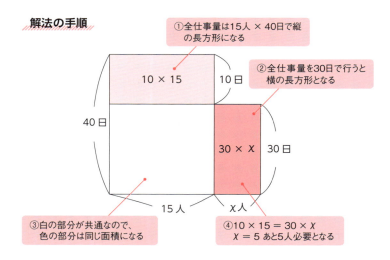

長方形の横に人数を、縦に仕事の時間を入れて長方形の面積の変化で考えよう。答えは2。

H ヒント

● 全体の仕事量が同じ場合、面積で考える。

2. 濃度算

例題

4%の食塩水300gに食塩20gを加えたら、何%の食塩水になるか。
1 5%　　**2** 8%　　**3** 10%　　**4** 12%　　**5** 15%

解法の手順

① 濃度算はてんびん図を使って解く。両端に
つるした重さがつり合う位置（X%）を探す

② 両端に混ぜる食塩水の濃度を書く

③ 4からX、Xから100までの長さを書く

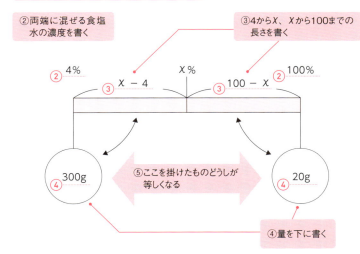

④ 量を下に書く

⑤ ここを掛けたものどうしが等しくなる

⑥ ⑤より $300(X-4) = 20(100-X)$　これを解くと $X = 10$%

食塩の濃度は100%、水の濃度は0%で考えよう。答えは3。

ヒント

● てんびん図は、横棒の左右に混ぜる食塩水の濃度を、中心にできあがる食塩水の濃度を書く。

数的推理 **03** 解法のコツ③
発想を変える

1. 確率

例題

3個の赤玉と3個の白玉が入った袋から2個取り出すとき、少なくとも1個は赤玉である確率はいくつか。

1 $\frac{1}{2}$ **2** $\frac{2}{3}$ **3** $\frac{3}{4}$ **4** $\frac{4}{5}$ **5** $\frac{5}{6}$

解法の手順

① 少なくとも1個が赤玉になる確率は、
1 −（2個とも白玉になる確率）

②
1個目が白玉になる確率は $\frac{3}{6} = \frac{1}{2}$

2個目が白玉になる確率は、
残り5個から2個の
白玉のどちらかを取り出すので $\frac{2}{5}$

連続して生じるので $\frac{1}{2} \times \frac{2}{5} = \frac{1}{5}$

③ 少なくとも1個は赤玉になる確率は
$1 - \frac{1}{5} = \frac{4}{5}$

1 −（○○にならない確率）で求めよう。答えは4。

H ヒント

- 「少なくとも○○になる確率」を求める場合は、1 −（○○にならない確率）で求めるほうが早い。

2. 整数

例題

1から80までの整数のうち、3で割り切れない整数の和にもっとも近いものは、次のうちどれか。

1 2100　　**2** 2200　　**3** 2300　　**4** 2400　　**5** 2500

解法の手順

<等差数列の和の公式>
$$\frac{(初項 + 終項) \times 項数}{2}$$

① 左の図の箱全体は1から80の整数の合計を表す

$$\frac{(1 + 80) \times 80}{2} = 3240$$

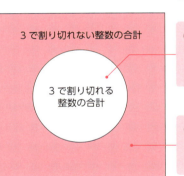

② 3で割り切れる整数の合計は、1から80までの3の倍数の合計

$$\frac{(3 + 78) \times 26}{2} = 1053$$

③ 3で割り切れない整数の合計は、①から②を引いた数になる

$$3240 - 1053 = 2187$$

全体から3で割り切れる数を引いて求めよう。答えは2。
等差数列の公式は覚えておこう！

ヒント

- 3で割り切れない数の合計は、全体の数の合計から、3で割り切れる数の合計を引いて求める。

数的推理

04 解法のコツ④
表を使う

1. 確率

例題

サイコロを2個振るとき、出た目の数の積が3の倍数になる確率はいくつか。

1. $\frac{5}{9}$　　2. $\frac{11}{18}$　　3. $\frac{2}{3}$　　4. $\frac{13}{18}$　　5. $\frac{7}{9}$

解法の手順

	1	2	②3	4	5	②6
1			○			○
2			○			○
②3	○	○	○	○	○	○
4			○			○
5			○			○
②6	○	○	○	○	○	○

① 2個のサイコロの目の数を6×6の表にする

② 出た目の数が3の倍数になるのは一方のサイコロが3または6の場合

③ 該当するところに○印をつける　全部で20個

④ すべてのサイコロの目の出方は6×6＝36通り

⑤ 求める確率は $\frac{20}{36} = \frac{5}{9}$

表を使って解こう。答えは1。

 ヒント

● サイコロの出る目の問題は、表を使って見逃しを防ぐ。

2. 比と割合

例題

甲村の人口は243人であり、そのうち女性は72人である。村民全員の血液型を調べたところ、O型の人が54人いた。血液型の割合が男女とも同じ場合、血液型がO型でない男性と血液型がO型の女性の差は何人か。

1 22　　**2** 40　　**3** 99　　**4** 117　　**5** 133

解法の手順

①243 － 54 ＝ 189
O型とO型以外の比率は54：189
よって2：7

②男女を同じ比率で分ける

	男 性	女 性	合 計
O型	38	16	54
O型以外	133	56	189
合 計	171	72	243

③O型以外の男性は133人、O型の女性は16人
差は133 － 16 ＝ 117人

表を使うと未知数がわかるよ。答えは4。

ヒント

● 表を使うと、未知数や不明な人数が計算しやすくなる。

判断推理 **01** 解法のコツ①
表を使う

1. 対応関係

例題

A～Eの5人は、野球、登山、釣り、旅行および読書の5つのうち、それぞれが2種類または3種類の趣味をもっている。いま、次のことがわかっているとき、確実にいえるものはどれか。

ア　AとBは野球が趣味であるが、Dは野球が趣味ではない。
イ　BとEは釣りが趣味ではない。
ウ　Cは読書が趣味である。
エ　CとDは旅行が趣味ではない。
オ　野球、釣り、旅行、読書を趣味とするのはそれぞれ3人ずつであるが、登山を趣味とするのは1人だけである。
カ　BとDの趣味は2種類である。
キ　旅行と登山の両方を趣味とする者はいない。

1 Aは登山が趣味である。　　**2** BとDは読書が趣味である。
3 Cは釣りが趣味ではない。　　**4** DとEに共通する趣味はない。
5 Eは野球が趣味である。

解法の手順

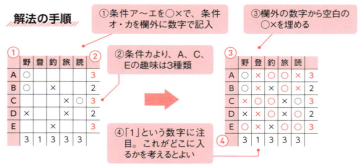

数字が重要なヒントとなっているよ。答えは5。

2. うそつき

例 題

A〜Eの5人が100メートル競争をした。この結果について5人は次のように述べている。

　A「優勝したのはBです。」
　B「優勝したのはCです。」
　C「優勝したのは私ではありません。」
　D「Aは優勝していません。」
　E「優勝したのはDです。」

しかし、この5人の発言のうち、4人の発言は誤りであることがわかった。優勝した者は誰か。ただし、優勝したのは1人だけである。

1 A　**2** B　**3** C　**4** D　**5** E

解法の手順

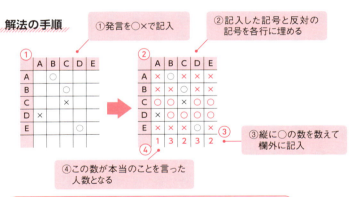

Aが優勝したときだけ、C1人が本当のことを言っていることになるので、答えは1。

ヒント

- Aの発言で「Bが優勝した」ということは、「B以外は優勝していない」と発言したことと同じ。

- ④問題では1人だけが本当のことを言っているので、「1」という数字を探す。

判断推理

02 解法のコツ②
ブロックを書き出す

1. 位置

例題

図のような3階建て9室の独身寮があり、各部屋にはA～Iの9人の社員がそれぞれ住んでいる。次のア～オのことがわかっているとき、確実にいえるのはどれか。

ア　AとEの部屋は隣りあっている。
イ　Dのすぐ下の部屋はGの部屋である。
ウ　Eのすぐ上の部屋はCの部屋である。
エ　FとGの部屋は隣りあっている。
オ　A、B、Cは総務課、D、E、Fは営業課、G、H、Iは技術課に所属しているが、各課3人の部屋は、それぞれ別の階にある。

3階	7号室	8号室	9号室
2階	4号室	5号室	6号室
1階	1号室	2号室	3号室

1　Aの部屋は1階にある。
2　BとGの部屋は同じ階にある。
3　CとFの部屋は隣りあっている。
4　DとIの部屋は同じ階にあるが、隣りあっていない。
5　Hのすぐ上の部屋はIの部屋である。

解法の手順

①条件からブロックをつくる

②条件アとウから

```
 C     C
A E   E A
```

③条件イとエから

```
D      D
F G   G F
```

④ブロックを組合せたパターンをつくる。条件オからD、E、Fは別の階

```
  D          D          D          D
G F C     F G C     C G F     C F G
 A E       A E       E A       E A
```

⑤すべてのパターンに該当する選択肢のみが正答

ブロック化できる条件から見ていこう。答えは1。

236

2. 順序

例題

A～Fの6人が駅で待ちあわせをした。6人の到着した順番について次のことがわかっているが、確実にいえることはどれか。

　ア　Dの2人前にFが到着していた。
　イ　Aは3番目までには到着しなかった。
　ウ　BとEの間には2人が到着した。また、この2人の直前・直後にはCは到着していない。

1　Bは3番目で、その2人前にCがいる。
2　Eの直前にはAがいた。
3　Aが最後に到着した。
4　Cは最初に到着した。
5　Fは3番目に到着した。

解法の手順

②順序が確定しているブロックを中心に、パターンを書き出す。F－○－D

③B－○－○－Eのブロックを入れる。BとEは入れ替え可能

①ブロック化できる条件を書き出す

	1番	2番	3番	4番	5番	6番
(1)	F	BかE	D		EかB	
(2)		F	BかE	D		EかB
(3)	BかE		F	EかB	D	
(4)		BかE		F	EかB	D

④パターン(4)はAが入らないので消す

⑤Cの位置の条件にあうのは(2)のみ　B、Eの位置は定まらない

	1番	2番	3番	4番	5番	6番
(1)	F	BかE	D	AかC	EかB	CかA
(2)	C	F	BかE	D	A	EかB
(3)	BかE	C	F	EかB	D	A

順序が決まっているブロックから書き出そう。答えは4。

ヒント

● いくつかの条件がある場合は、順序が確定しているブロックから書き出す。

判断推理

03 解法のコツ③
法則を利用する

1. 魔方陣

例題

次のような正方形の9つのマス目に1～9の数字を入れて、縦、横、斜めの3つの数字の和が一定になるようにしたい。a=6、b=3であるときxに入る数字として、正しいものはどれか。

1 1 **2** 2 **3** 4 **4** 5 **5** 7

解法の手順

① 1～9の数字を順番に並べる。数列の中心に位置する数字は魔方陣でも必ず中心に入る
1234 <u>5</u> 6789 中心は5

② 1～9の合計は45。3列あるため、3で割ると1列の合計(15)となる

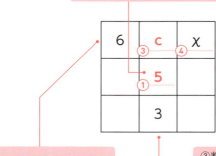

③ 判明している数字から空欄を計算していく
$c = 15 - (5 + 3) = 7$

④ $x = 15 - (6 + 7) = 2$

1～9以外の数字が使われる場合も同様に考えよう。答えは2。

H ヒント

- 1～nの合計は、等差数列の和の公式 $\frac{(1+n) \times n}{2}$ で計算できる。いろいろと役に立つ公式なので覚えておくとよい。

2. 暗号

例 題

ある暗号で「イヌ」を「CPH」、「ネコ」を「DBS」と表すという。同じ暗号で「SJHFQ」は何を表しているか。

1 象 **2** 熊 **3** 猿 **4** 豹 **5** 虎

解法の手順

①暗号化の文字数から、英語がもとだとわかる

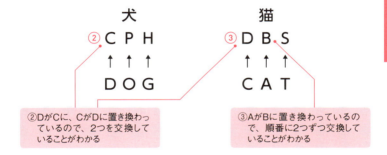

②DがCに、CがDに置き換わっているので、2つを交換していることがわかる

③AがBに置き換わっているので、順番に2つずつ交換していることがわかる

④日本語では「虎」

もとになっている言葉を先に考えよう。答えは5。

 ヒント

- 出題の形式は、五十音表を用いるものとアルファベットを用いるものが多い。

判断推理

04 解法のコツ④
特殊解法を覚える

1. 論理・命題

例題

次の各命題が正しいとき、確実にいえるものはどれか。

- A　バドミントンができるものは、ピンポンができる。
- B　バドミントンができないものは、テニスはできない。
- C　ピンポンができるものは、スカッシュができる。

1. ピンポンができるものは、テニスができる。
2. スカッシュができるものは、テニスができる。
3. テニスができるものは、スカッシュができる。
4. バドミントンができないものは、スカッシュができない。
5. ピンポンができないものは、テニスができる。

解法の手順

① バドミントンを「バ」、ピンポンを「ピ」、テニスを「テ」、スカッシュを「ス」で表す

② 命題を「a → b」の形で表す

③ 対偶をつくる。対偶は同じ状態を言い換えたもので、必ず正しい

```
                      <対偶>
A バ → ピ          A' ピ̄ → バ̄
B バ̄ → テ̄         B' テ → バ
C ピ → ス          C' ス̄ → ピ̄
```

> 矢印の前後を交換して否定すると対偶になる。否定形にはバーをつける
> a → b　　b̄ → ā

④ 選択肢の命題が矢印でつながるかを確認する

テ → バ → ピ → ス

矢印方向に論理は正しく進むよ。答えは3。

 ヒント

● 終点がほかの命題の出発となっていれば、命題をつなげられる。

2. 手順

例題

ある人は81枚のコインを手に入れたが、後でそのうちの1枚が質量の軽い偽物であることがわかった。上皿てんびんで量って偽物である1枚を確実に見つけるためには、少なくとも何回量る必要があるか。

1 4回　**2** 5回　**3** 6回　**4** 7回　**5** 8回

解法の手順

① 全体をA、B、C 3つのグループに分けて量る。上がったほうに偽物がある。つり合った場合は外したCに偽物がある

② 偽物があるグループをさらに3等分して同じように考えていく

①
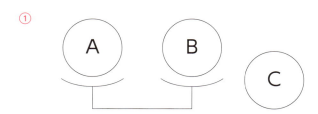

②

	Aグループ	Bグループ	Cグループ
1回目	27枚	27枚	27枚
2回目	9枚	9枚	9枚
3回目	3枚	3枚	3枚
4回目	1枚	1枚	1枚

全体を3等分してみよう。答えは1。

ヒント

3等分すれば偽物は $\frac{1}{3}$ に絞ることができる。次はその $\frac{1}{3}$ だけを見ればよい。

空間把握

01 解法のコツ①
法則を覚える

1. 展開図①

例題

この展開図を組み立てたときにできる図形は次のうちどれか。

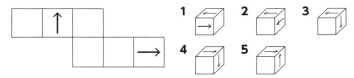

解法の手順

① 2つの正方形の辺の角度が90°になっている場合、転がして移動できる（法則1）

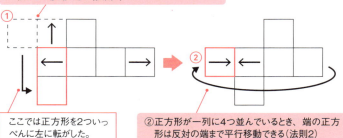

ここでは正方形を2ついっぺんに左に転がした。

② 正方形が一列に4つ並んでいるとき、端の正方形は反対の端まで平行移動できる（法則2）

矢印の正方形が隣になったとき、矢印の先が向かいあっているモノを探そう。答えは5。

H ヒント

- 2辺の角度が90°の場合、正方形を転がして移動できる。なかに記号が書いてある場合は、転がした方向に記号も90°回転する（法則1）。

- 正方形が一列に4つ並んでいる場合、端の正方形は反対側に平行移動できる。平行移動なので、なかの記号は回転しない（法則2）。

242

2. 展開図②

例　題

下の正八面体の展開図を組み立てたとき、頂点Pと重なる頂点はどこか。

1 A　**2** B　**3** C　**4** D　**5** E

解法の手順

①正三角形の辺の角度が120°になっている場合、転がして移動できる（法則1）

②辺の角度が120°になったらさらに移動できる

ここでは正三角形2つをいっぺんに左に転がした。

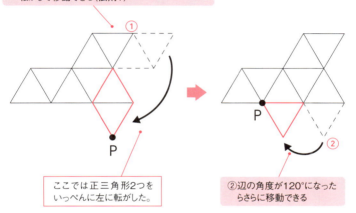

頂点Pが重なるのは頂点D。答えは4。

ヒント

● 正三角形の辺の角度が120°の場合、転がして移動できる（法則1）。

● 正三角形が一列に6つ並ぶとき、端の正三角形は反対の端まで平行移動できる（法則2）。

● 正三角形が一列に4つ並ぶとき、両端の正三角形の面は平行になる（法則3）。

空間把握

02 解法のコツ②
推理のルールを覚える

1. 軌跡①

例題

等脚台形を右へ滑らせないで1周転がす。点Pの正しい軌跡はどれか。

1 2
3 4
5

解法の手順

①回転の中心は右下の頂点から反時計回りに頂点を移動していく（1〜4）

② 回転の中心 1→4
  半径の長さ (1)→(3)

②半径は各頂点からPまでの長さ。(1)〜(3)の順番になる

半径の長さを見ていくと、(1) 長い (2) 短い (3) 中くらいなので、円弧の大きさは大→小→中の順番で出てくるよ。答えは3。

H ヒント

● ルール1…平面を転がる問題→転がった図を書かずに推理する。

次の3点を確認して解く。
● ①回転の中心（図形の頂点）の位置　②半径（回転の中心から点までの）の長さ→円弧の大きさに比例する　③回転の角度。

2. 軌跡②

例　題

1辺がaの正三角形を、1辺が3aの正方形のなかで、図の位置から矢印の方向へ滑らせないで1周転がす。このとき、正三角形の頂点Pの軌跡として正しいものは、次のうちどれか。

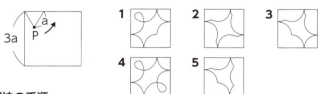

解法の手順

実際に転がした場合の図を示す。P_0〜P_2を4回繰り返して1周することがわかる。

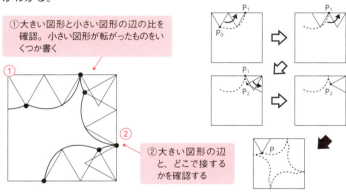

①大きい図形と小さい図形の辺の比を確認。小さい図形が転がったものをいくつか書く

②大きい図形の辺と、どこで接するかを確認する

条件にあわない選択肢は消去していこう。答えは2。

ヒント

- ルール2…図形の内外を転がる問題→転がった図を書く。

- 大きい図形と接する場所を確認しながら、選択肢をチェックする。

| 資料解釈 | **01** | 解法のコツ①

表を読み解く

1. 数表

例題

次の表は、ある地域における簿記とワープロ検定試験の受験者と合格者を、年度別にまとめたものである。この表からいえることとして正しいものはどれか。

	2013年度		2014年度		2015年度	
	受験者	合格者	受験者	合格者	受験者	合格者
簿記検定3級	532	221	612	345	662	287
簿記検定2級	321	85	365	102	371	131
簿記検定1級	83	5	67	6	88	13
ワープロ検定3級	333	154	401	268	519	242
ワープロ検定2級	268	81	251	89	266	76
ワープロ検定1級	52	3	67	10	76	9

1 2015年度の検定で合格率のもっとも低かったのは、簿記検定1級である。

2 ワープロ検定の受験者数は、2013年度から2015年度にかけて40%以上増加している。

3 検定試験の受験者が増加する傾向があるが、これは就職難という状況を反映したものである。

4 2015年度でもっとも合格率の高かった検定は、ワープロ検定3級である。

5 簿記検定2級では、2013年度から2015年度までで合格率が30%を超えたことはない。

解法の手順

	2013年度		2014年度		2015年度	
	受験者	合格者	受験者	合格者	受験者	合格者
簿記検定3級	532	221	612	345	662	287 ④
簿記検定2級	321	85	365	102	371	131 ⑤
簿記検定1級	83	5	67	6 ①	88	13
ワープロ検定3級 ②	333	154	401	268 ②	519	242 ④
ワープロ検定2級	268	81	251	89	266	76
ワープロ検定1級	52	3	67	10 ①	76	9

①…選択肢1

2015年度の簿記検定1級 — 左の分数のほうが大きい — 2015年度のワープロ検定1級

分母は分子の7倍以下 $\dfrac{13}{88} > \dfrac{9}{76}$ 分母は分子の8倍以上

②…選択肢2

15年度 / 13年度 $\dfrac{519+266+76=861人}{333+268+52=653人} = 1.319$

653×1.4≒914
1.4未満とわかる

③…選択肢3 この表だけから理由を判断することはできない。

④…選択肢4

2015年度の簿記検定3級 — 右の分数のほうが大きい — 2015年度のワープロ検定3級

分母は分子の2.3倍以上 $\dfrac{287}{662} < \dfrac{242}{519}$ 分母は分子の2.3倍以下

※割合の近いものとくらべる

⑤…選択肢5

111が371の30％の人数

371×0.3≒111
分子は111よりも大きい $\dfrac{131}{371} > 0.3$ 2015年度は30％を超えている

合格率＝ 合格者数／受験者数　だよ。答えは4。

H ヒント

● 分数の形で大小を比較できるようにしよう。

● 原因や理由などの選択肢は誤り。

資料解釈

02 解法のコツ②
グラフを読み解く

1. グラフ

例　題

下のグラフは、平成22～26年までの商品Aおよび商品Bの販売量の対前年増減率を示したものである。このとき、確実にいえるものはどれか。

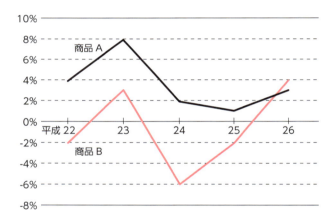

1. 商品Aでは、この5年間では平成23年の販売量がもっとも多い。
2. 商品Aでは、平成26年の販売量は平成21年より15%以上増加した。
3. 商品Bでは、平成26年の販売量は平成21年よりも多かった。
4. この5年間で商品Aと商品Bの販売量の差が一番大きいのは平成24年である。
5. 商品Bの販売量は、平成26年において商品Aの販売量を上まわっている。

解法の手順

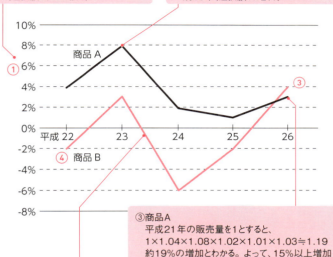

①「増減率のグラフ」なので、違う商品の販売量は比較できない（選択肢4、5は誤り）

②商品Aは各年ともプラス。販売量がもっとも多い年は平成23年ではなく平成26年（選択肢1は誤り）

③商品A
平成21年の販売量を1とすると、
1×1.04×1.08×1.02×1.01×1.03≒1.19
約19％の増加とわかる。よって、15％以上増加している（選択肢2は正しい）

④商品B
平成26年の販売量＝1×0.98×1.03×0.94×0.98×1.04≒0.97
よって、平成26年の販売量は平成21年を下まわる
（選択肢3は誤り）

グラフや図で見た目通りの選択肢は誤りの可能性が高いよ。
答えは2。

ヒント

● 増加率のみのグラフでは違うものについて量の比較はできない（選択肢4、5）。

● 減少している場合は（1－減少率）で量を計算する。

文章理解 01 POINT解説①
現代文の解法

1. 基本的な解き方の手順

①出題形式の確認
出題形式によって、問題文のどこを注意して読めばよいかが変わってくる。

出題形式	特　徴
要旨把握	文章の**要旨・趣旨・筆者**の主張が正答になる
内容把握	本文の**一部**と合致していれば、それが正答になる
空欄補充	問題文の空欄に単語または文章を補充する
文章整序	細分化された文を意味の通る文章に並べ替える

②本文ではなく、まず選択肢から読む
選択肢を眺めて、本文はどのようなテーマなのか、よく出るキーワードから推理する。その後選択肢を読み、何が問われているのかをつかむ。

> キーワードをまず頭に入れて、本文のどこに出てくるか確認しよう。

③本文を読む
出題形式の区別を頭に置きつつ、選択肢に関係のありそうな文章を意識しながら、本文を読んでいく。

● **強調**単語の選択肢は避ける

「必ず」、「つねに」など、言い切りの形で書いてある選択肢は、不正解であることが多い。

> この手順はすべての文章理解の問題に共通するよ！

2. 要旨把握と内容把握の相違

要旨把握の問題で正答になる選択肢は、**要旨**（おもな内容）・**趣旨**・**筆者の主張**である。選択肢の文章が、本文の一部と一致したとしても、それを選んではいけない。ひっかからないように注意。

- **要旨把握**…文章の**中心**になる部分を問われる。
- **内容把握**…選択肢が本文の**一部**と一致すればよい。

3. 文章構造の分析と接続詞

本文を読む場合は、本文の論理展開（流れ）をつかむとよい。
文章は、「**問題提起**」「**展開部**」「**結論**」のように展開されることが多い。「問題提起」では、本文の方向性が書かれている。筆者の考えが抽象的に表現されている場合もある。また、「結論」には「問題提起」で述べた主張をまとめていることがある。
さらに、接続詞にはそれぞれ役割があるので注目するとよい。それを踏まえると、文章構造がわかりやすくなる。

並　　立	また、および、そして
言い換え	すなわち、つまり
要　　約	つまり、要するに
例　　示	例えば
選　　択	または、あるいは、もしくは
理　　由	なぜなら、つまり
例　　外	ただし、もっとも
順　　接	それで、だから
逆　　接	しかし、でも、ところが、しかしながら
転　　換	ところで、さて、そもそも
結　　論	よって、したがって、ゆえに

> 「でも（逆接）」がきたら、
> その文章の前後は反対の内容になるよ。

文章理解	**02**	**POINT解説②**

英文法整理

1. 時制（現在・過去・未来）

●**過去形**…動詞にedをつける場合と、不規則的な活用をする場合がある。「〜した」。

例) Last night I watch**ed** TV and **took** a bath.
  watch＋**ed**   takeの過去形
「昨日の夜、テレビを見てお風呂に入った」

●**未来形**…**will**＋**動詞**の**原形**。

例) If you turn left, you **will find** a station.
「左に曲がると、駅が見えるよ」

●**進行形**…**be動詞**＋**動詞**の**ing**形（進行形）「〜している」。

例) When Lisa came, Ben **was cooking** in a kitchen.
  wasはbe動詞の過去形   cook＋ing
「リサが来たとき、ベンは料理をしていた」
※hearやknowは進行形にできない。

●**現在完了**…**have[has]**＋**過去分詞**。現在を基点に、完了・結果、経験、状態の継続を表す。

例) I **have been** to Prague twice.
  beenはbeの過去分詞
「私はプラハに2回行ったことがある」（経験を表す）

252

2. 助動詞

- can…「〜できる」。否定文だと「〜できない、〜のはずがない」。
  例) I trust Chris. She **can't** betray me.
  「私はクリスを信じている。彼女が裏切るはずがない」

- could…「〜かもしれない」。
  例) It **could** be true.
  「本当かもしれない」
  ※couldはcanの過去形でもある。

- used to…「以前はよく〜したものだ」。
  例) I **used to** go to movie.
  「以前はよく映画を観に行ったものだ」

> 「be used to+名詞」だと、
> 「〜するのに慣れている」の意味になるので要注意!

- had better…「〜するほうがいい」。
  例) You **had better** go to sleep earlier.
  「もっと早く寝るほうがいいよ」
  ※goodの比較級はbetter、最上級はbest。反対語のlessは、比較級worse、最上級worst。

3. 受動態

be動詞+過去分詞。動作を受ける人や物を主語にする。能動態は、動作をする人や物を主語にする。

例) 受動態　A funny comedian **was laughed** at by us.
　　　　　　　　　　　　　　laughの過去分詞形
　　　「おもしろいコメディアンは私たちに笑われた」

　　能動態　We **laughed** at a funny comedian.
　　　　　　laughの過去形
　　　「私たちはおもしろいコメディアンを笑った」

4. 比較

- **比較級**…形容詞＋er than。
  - 例) The pen is **mightier than** the sword.
    - 「ペンは剣より強し」

- **最上級**…the 形容詞＋est。
  - 例) This is **the biggest** traditional festival in Japan.
    - 「これは日本で一番大きな伝統的なお祭りです」

> erの代わりにmoreをつける形容詞、
> estの代わりにmostをつける形容詞もあるよ。

- **prefer A to B**…「BよりAのほうが好き」。
  - 例) She **prefers** rice **to** bread.
    - ＝ She likes rice more than bread.
    - 「彼女はパンよりお米のほうが好き」

- **more/less than A**…「A以上/以下」。
  - 例) I prepared for this test **more than** you think.
    - 「君が思っている以上に、私はこのテストの準備をした」

第 3 章

実力チェック問題

問題

解答・解説

実力チェック問題

解答はp282〜287

社会科学

1 基本的人権に関する次の記述のうち、正しいものはどれか。

1 思想・良心の自由は心のなかで考える自由だが、公共の福祉による制約が加えられることがある。

2 財産権は財産を私有する権利だが、補償なしに公共の福祉による制約を加えることができる。

3 生存権とは生きていくための権利であり、国家に対して具体的救済を求めることができる。

4 プライバシー権とは私生活をみだりに公開されない権利であり、肖像権もこれに含まれる。

5 アクセス権とは、政府のもつ情報を自由に知ることができる権利である。

2 国会に関する記述として、妥当なのはどれか。

1 国会が憲法改正の発議をするには衆議院・参議院ともに出席議員の3分の2以上の賛成が必要である。

2 法律案は衆議院で可決され、参議院で否決された場合には衆議院の議決が国会の議決となる。

3 条約の承認は必ず衆議院に先に提出するが、予算案は衆議院・参議院のどちらに先に提出してもよい。

4 年1回、1月に召集される国会を通常国会といい、内閣総理大臣の指名を優先して行う国会を臨時国会という。

5 国会議員は不逮捕特権が認められており、国会の会期中に一部例外をのぞき現行犯以外で逮捕されることはない。

3 内閣に関する記述として、妥当なのはどれか。

1 国務大臣は内閣総理大臣によって指名され、国会がそれを任命する。
2 内閣総理大臣は天皇の国事行為に対する助言と承認を行う。
3 最高裁判所長官は、内閣が指名し、天皇が任命する。
4 日本では、内閣の閣僚はすべて国会議員でなければならない。
5 衆議院で内閣不信任案が可決もしくは信任決議が否決されたとき、内閣は必ず総辞職しなければならない。

4 裁判所に関する記述として、妥当なのはどれか。

1 日本における裁判所の種類は最高裁判所、高等裁判所、下級裁判所、憲法裁判所、家庭裁判所がある。
2 裁判官としての威信を失う非行を行った裁判官は、最高裁判所に設置される弾劾裁判所で審査される。
3 裁判員制度は、20歳以上の一般市民から選ばれた6人の裁判員のみで有罪・無罪や量刑について審理を行う。
4 違憲立法審査権は法律などについて憲法に違反しているか審査する権利であり、すべての裁判所がもっている。
5 日本の裁判所における違憲立法審査権は、具体的事件なしに違憲かどうか審査できる。

5 国際政治に関する記述として、妥当なのはどれか。

1 1920年に設立された国際連盟では総会、理事会ともに表決方法として多数決を採用している。
2 国際連合の安全保障理事会の常任理事国は、アメリカ、イギリス、フランス、ロシア、中国の5か国である。
3 国際連合の安全保障理事会は常任理事国・非常任理事国ともに拒否権を有している。
4 アメリカ大統領の1任期は4年であり、憲法上の規定により最長で3任期12年まで可能である。
5 イギリスでは議院内閣制が採用されており、内閣の閣僚は半数以下なら民間人もなることが認められている。

実力チェック問題

社会科学

6 次のグラフはある財の需要Dと供給Sを示したものである。需要側の購買力が減少し、供給側の生産コストが上昇したとき、均衡価格(均衡取引量)の均衡点Pはア〜オのうち、どの範囲に動くか。

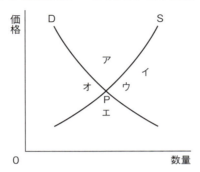

1 アの方に移動する。
2 イの方に移動する。
3 ウの方に移動する。
4 エの方に移動する。
5 オの方に移動する。

7 わが国の金融政策に関する記述として、正しいものはどれか。

1 買いオペを行うと、通貨量は減少する。
2 支払準備率を引き下げると、通貨量は減少する。
3 大規模な公共事業を政府が行うことは、景気停滞時に効果がある。
4 所得税減税を行うことは、景気の沈静化に効果がある。
5 金利を引き下げると、景気停滞時に効果がある。

8 わが国の租税に関する記述として、妥当なのはどれか。

1 租税は直接税と間接税とに分けられ、そのうち直接税には法人税、消費税、酒税が含まれる。
2 租税の公平性の原則は、租税負担能力の高い者がより高い負担をする水平的公平と、同一の所得には同一の課税額であるという垂直的公平の2つの要素からなる。
3 間接税は、同じものを同じ量だけ買えば負担額は同じであり、生活必需品に課せられた場合にその負担は所得に対して累進的になる。
4 戦後の日本では、シャウプ勧告によって所得税などの直接税を中心とする税制がしかれた。
5 消費税は商品やサービスの価格に含めて徴収されるので、消費者がこれを負担することはない。

9 国民所得に関する次の記述のうち、正しいものはどれか。

1 GDP（国内総生産）は、生産される場所にかかわらず国民が生産した財やサービスの価値額を合計したものである。
2 GNI（国民総所得）は、国民がその国の領土内で生産した財やサービスの価値額を計上したものである。
3 GNIは、国内総生産に海外からの純要素所得を加えたものである。
4 GDPには、主婦が行った家事やサービスも含まれる。
5 NI（国民所得）とGDPは、対象物をどのようにとらえるかの違いであり、両者はつねに同じ額になる。

実力チェック問題

社会科学

10 次の文中の空欄にあてはまる語句の組合せとして、正しいものはどれか。

円高とは、たとえば1ドル=120円が（　A　）になることで、（　B　）という状況をもたらす。国民所得を下げないためには、（　C　）必要がある。

	A	B	C
1	100円	輸出品の価格が上がる	国内需要を増やす
2	100円	輸出品の価格が下がる	輸入を減らす
3	130円	輸出品の価格が上がる	国内需要を増やす
4	130円	輸出品の価格が下がる	国内需要を増やす
5	130円	輸出品の価格が上がる	輸入を減らす

11 次のア～ウの説明にあてはまる人物の組合せとして、正しいものはどれか。

ア：有効需要の原理にもとづいて、国家の経済への介入を主張した。

イ：資本主義経済の問題点・矛盾点を指摘し、生産手段を社会的に所有するという計画経済にもとづいた社会主義体制を提唱した。

ウ：自由放任主義を主張し、「見えざる手」による経済の調和的発展を説いた。

	ア	イ	ウ
1	ケインズ	マルクス	アダム・スミス
2	ケインズ	アダム・スミス	マルクス
3	アダム・スミス	ケインズ	マルクス
4	アダム・スミス	マルクス	ケインズ
5	マルクス	ケインズ	アダム・スミス

12 環境問題に関する記述として、妥当なのはどれか。

1 地球の気温や海水温を上昇させる効果のあるガスを温室効果ガスというが、フロンガスはその原因の1つとして問題視されている。

2 大気中には人体に有害な紫外線を吸収するオゾン層があるが、これに穴があく現象であるオゾンホールは北極上空に現れる。

3 酸性雨とは二酸化硫黄や窒素酸化物を含む雨のことで、河川や湖沼、土壌を酸性化させて生物などに悪影響を与える。

4 京都議定書の第一約束期間は2008年から2012年までとされているが、日本は2013年以降の第二約束期間にも参加している。

5 京都議定書の第一約束期間とは異なり、第二約束期間からは中国やブラジルなどの新興国も参加を表明している。

人文科学

1 江戸時代の五大改革に関する次の記述のうち、寛政の改革に関するものはどれか。

1 財政再建をはかるため、大名に対し囲米を実施した。その代償として、参勤交代の期間を半年に縮小した。

2 株仲間を積極的に公認し、大商人に独占的営業を許した。その代わりに、運上や冥加を納付させた。

3 農村の復興策として、農民の出稼ぎを禁じ、江戸に流入した人々の帰村を強制する人返しの法（強制的帰農策）を公布した。

4 輸入超過による金・銀の流出を防ぐため、長崎新令（海舶互市新例）を発し、オランダや清国との貿易を制限した。

5 本百姓維持の農村政策を進めるため、旧里帰農令を公布し、江戸に流入した百姓の帰村や帰農を奨励した。

2 明治初期の政策に関する記述として、妥当なのはどれか。

1 政府は藩を廃止し、府・県としたが、知藩事（旧大名）をそのまま府知事・県令として地方行政にあたらせていた。

2 地租改正により、租税は物納（米納）とされた。

3 政府は殖産興業を推進し、重工業に力を入れた。

4 明治維新により士農工商の封建的身分制度が撤廃され、四民平等になったが、華族や士族には家禄が支給されていた。

5 太政官は徴兵令を公布し、士族・平民を問わず満18歳に達した男子はすべて兵役に入ることを義務づけた。

3 昭和初期〜太平洋戦争に関する記述として、妥当なのはどれか。

1 金融恐慌では取り付け騒ぎが起き、大銀行から中小銀行に預金が流出し、大銀行の倒産が相次いだ。

2 浜口雄幸内閣は、ニューヨーク海軍軍縮会議において軍縮条約への調印を拒否したため、軍部や右翼などから攻撃された。

3 五・一五事件で、青年将校らが首相官邸を襲撃して犬養毅首相を殺害した後、挙国一致内閣が誕生し、政党政治は終わりを告げた。

4 貴族院は、京都帝国大学教授の滝川幸辰の「天皇機関説」を国体に反するものとして非難したが、滝川教授は非難に屈せず貴族院議員を辞職しなかった。

5 二・二六事件では、クーデターが失敗に終わって軍部の政治的発言力が弱まり、軍部大臣現役武官制が撤廃された。

4 市民革命に関する記述として、妥当なのはどれか。

1 ピューリタン革命後、議会派のクロムウェルが中心となり国王に対して権利の請願を認めさせ、共和政を樹立した。

2 ジェームズ2世は、カトリックの復活をはかったため名誉革命に至った。1689年、議会は権利の章典を制定した。

3 レキシントンでの武力衝突が発端となり、アメリカ独立戦争が起こった。革命中にジェファソンが人権宣言を起草し、1776年に発表した。

4 フランスでは財政が悪化したため、テュルゴーやシェイエスらが蔵相に任命され改革を試みたが、特権身分の抵抗により失敗に終わった。

5 フランスの第三身分の代表は、模範議会より分離して三部会の結成を宣言した。第一身分・第二身分のなかから合流する者もいた。

5 20世紀初頭の国際関係に関する記述として、妥当なのはどれか。

1 ロシアは、イタリアやドイツとの関係を強化して日本に対し三国干渉を行い、日露戦争で日本に割譲されたカムチャツカ半島の返還を認めさせた。

2 日本は日露戦争での勝利後、ロシアとの関係が再び悪化した。戦争を回避するため、イギリスとの間で下関において日英同盟を結んだ。

3 イタリアは、ドイツ・ロシアとともに三国同盟を結成し、イギリス・フランス・アメリカからなる三国協商と対立した。

4 ドイツは、バルカン半島から中東地域への進出を目指して3B政策を推進したが、インドやエジプトを支配するイギリスの3C政策と対立した。

5 フランスは、北アフリカにおける植民地・勢力圏獲得競争の末、イギリスとの関係が悪化したためドイツに接近したが、大戦中は中立を維持した。

6 明または清に関する記述として、妥当なのはどれか。

1 ヌルハチは、白蓮教徒が起こした紅巾の乱を指導し、明を建てた。

2 永楽帝は、鄭和に明への朝貢を促す南海遠征を命じ、鄭和は艦隊を率いて東南アジア、インド洋に遠征を行った。

3 林則徐は、農民の反乱を率いて明を滅ぼし、清を建てた。

4 袁世凱は、道光帝によって広州に派遣され、イギリス商人による清からインドへのアヘン密輸出を取り締まった。

5 孫文は清朝打倒を掲げて蜂起し、南京を首都とする太平天国を樹立したが、清軍に敗れて日本に亡命した。

7 海岸の地形に関する記述として、妥当なのはどれか。

1 エスチュアリーは三角江ともいい、大陸を流れる河川の河口でラッパ状に開いた入り江である。

2 海岸段丘は、起伏の多い山地が沈降して溺れ谷となり生じた、階段状の地形である。

3 フィヨルドは潟湖ともいい、奥深い入り江である。

4 ラグーンは陸繋島ともいい、砂を大量に運び出す河口付近にできる。

5 リアス海岸はもとの海底が陸上にあらわれた離水海岸でみられ、三陸海岸が代表例である。

8 世界の土壌に関する次の記述のうち、正しいものはどれか。

1 チェルノーゼムは、タイガ地帯に分布するやせた灰白色の土壌である。

2 レグール土は、ウクライナや南アメリカのパンパに分布する、肥沃な土壌である。

3 ラトソルは、熱帯雨林に分布する赤色のやせ地である。

4 テラロッサは、ブラジル高原に分布する比較的肥沃な土壌である。

5 ポドゾルは、インドのデカン高原に分布する肥沃な黒色の土壌である。

9 東南アジアに関する記述として、妥当なのはどれか。

1 インドネシアは、多様な民族が住んでおり、国民の過半数が仏教徒である。

2 シンガポールは、中国系住民が人口の過半数を占めている。

3 ベトナムは、スペインの植民地であったことから、カトリック教徒が人口の過半数を占めている。

4 マレーシアでは、経済などでマレー人を優遇するルックイースト政策がとられている。

5 タイでは、国土の中央部を流れるインダス川下流の低地において稲作が行われている。

10 鎌倉仏教に関する記述として、妥当なのはどれか。

1 道元は、如浄のもとで只管打坐の重要性を学び、曹洞宗を開いた。

2 親鸞は、禅の修行に励み、臨済宗を日本に伝えた。

3 日蓮は、専修念仏の教えに帰依し、浄土宗を開いた。

4 法然は、「南無妙法蓮華経」と題目を唱えることで、すべての人が救済され
現世において誰でも成仏できると説いた。

5 栄西は浄土真宗を開き、ひたすら阿弥陀の救済力にすがり、これに自己を
委ねるしかないと説いた。

11 イタリア・ルネサンスを代表する芸術家たちが描いた著名な絵画
の組合せとして、正しいのはどれか。

	レオナルド=ダ=ヴィンチ	ラファエロ	ミケランジェロ
1	『モナ・リザ』	『アテネの学堂』	『最後の晩餐』
2	『最後の審判』	『モナ・リザ』	『天地創造』
3	『モナ・リザ』	『最後の審判』	『天地創造』
4	『最後の晩餐』	『聖母子像』	『最後の審判』
5	『最後の晩餐』	『聖母子像』	『アテネの学堂』

12 下線部の四字熟語の用法として、妥当なのはどれか。

1 訃報を聞いて、傍若無人に立ちつくした。

2 教授に切磋琢磨され、やる気があがった。

3 後輩の話を我田引水に聞いて、アドバイスをした。

4 富士山から、荒唐無稽の景色を眺める。

5 彼は取引先から重要案件を獲得し、面目躍如たるものがあった。

自然科学

1 地上から花火を打ち上げたら、地上から176.4mの高さに達した。花火を打ち上げたときの初速度は何m/sか。

1 29.4m/s　　**2** 39.2m/s　　**3** 49.0m/s
4 58.8m/s　　**5** 68.6m/s

2 6Vの電源に電球を接続して点灯させたところ、電球は20Ωの値を示した。このとき、電球が消費する電力は何Wか。

1 0.6W　　**2** 1.2W　　**3** 1.8W　　**4** 2.4W　　**5** 7.2W

3 次の波動に関する記述で、正しいものはどれか。

1 光は縦波であり、波の進行方向に対して、波の振動方向が垂直である。
2 音の高さは、振幅の違いによって変化する。
3 音速は温度の違いに影響されず、一定である。
4 地球から超高速で遠ざかる物体を観測すると、実際よりも青っぽく見える。
5 遠くから近づいてくる消防車のサイレンの音は、実際よりも高く聞こえる。

4 42℃のお湯を何gかと84℃のお湯80gを混ぜたとき、お湯の温度は70℃になった。42℃のお湯の熱容量はいくらか。ただし、水の比熱を4.2J/(g・K)とする。

1 166J/K　　**2** 168J/K　　**3** 170J/K　　**4** 172J/K　　**5** 176J/K

5 原子の構造に関する記述として、正しいものはどれか。

1 原子核は、陽子と中性子と電子からできている。
2 互いに同位体である原子は、質量数が異なる。
3 電子の質量数は、陽子や中性子と同じである。
4 オゾンは窒素の同素体である。
5 価電子が1個の原子は、電子を放出して陰イオンになりやすい。

6 元素に関する記述として、正しいものはどれか。

1 原子番号は、原子核のなかの中性子数によって決まる。
2 周期とは元素周期表の横の列のことであり、同じ周期の元素は互いに化学的性質がよく似ている。
3 遷移元素の最外殻の電子数は、すべて8個である。
4 マグネシウムとベリリウム以外の2族元素をアルカリ金属と呼ぶ。単体は自然界では化合物として存在する。
5 17族元素をハロゲンと呼ぶ。単体は二原子分子として存在する。

7 化学反応に関する記述として、正しいものはどれか。

1 化学反応の前後で、物質の質量の総和は変化しない。
2 イオン結合は、化学結合のなかでもっとも強固な結合である。
3 共有結合は、化合する原子同士が互いのすべての電子を共有する結合である。
4 金属の熱伝導性は、金属結合とは直接関係しない性質である。
5 エチルアルコール1モルを完全燃焼させると、2モルの水ができる。

8 気体に関する記述として、正しいものはどれか。

1 理想気体1モルの体積は、0℃、1atmで、24.4リットルである。
2 塩化水素は、水上置換法で捕集するとよい。
3 オゾンは無色無臭の気体である。
4 二酸化窒素は褐色の気体であり、水によく溶ける。
5 一酸化炭素は不燃性の気体である。

9 細胞小器官に関する記述として、正しいものはどれか。

1 核は生命活動の中枢であり、あらゆる細胞に必ず核は存在する。
2 ミトコンドリアは酸素呼吸における、解糖系、クエン酸回路、電子伝達系のすべての化学反応の場として機能する。
3 リボソームは、タンパク質からアミノ酸を合成する。
4 小胞体は物質の輸送を担っている。
5 細胞膜は全透性であり、細胞壁は半透性である。

10 光合成に関する記述として、正しいものはどれか。

1 光合成で利用される光は、おもに緑色の光である。
2 これ以上光を強くしても光合成速度が上がらなくなる点を、光補償点という。
3 光合成で放出される酸素は、水を分解してできたものである。
4 明反応は、葉緑体のストロマで進む反応である。
5 暗反応で用いられる二酸化炭素は、葉と根から吸収される。

11 肝臓・腎臓に関する記述として、正しいものはどれか。

1 肝臓は血糖値の調節を行っている。
2 肝臓からはインスリンとグルカゴンが分泌される。
3 肝臓は白血球の生成により、解毒作用を担っている。
4 肝臓で合成される胆汁は、タンパク質を消化する。
5 腎臓の糸球体では、血液中の尿素だけがボーマンのうでこし取られて原尿
　となる。

12 遺伝に関する記述として、正しいものはどれか。

1 1対の対立遺伝子において、優性と劣性の純系同士をかけ合わせると、F_1
　の表現形の優性と劣性の出現比率は3：1となる。
2 あらゆる対立遺伝子は、すべて母親由来である。
3 A型とA型の親からは、A型の子どもだけが生まれる。
4 A型とB型の親からは、AB型の子どもだけが生まれる。
5 O型とO型の親からは、O型の子どもだけが生まれる。

13 地震に関する記述として、正しいものはどれか。

1 S波（縦波）は初期微動であり、伝わる速度が速い。
2 震源は、地震発生地点の真上の地表面を指す言葉である。
3 震度は、日本独自で定めている揺れと被害の指標である。
4 地震が発生したとき、マグニチュードの値は観測地点で異なる。
5 地震はプレートの中央部で発生しやすい。

14 地球の内部構造に関する記述として、正しいものはどれか。

1 外核は、地球の内部構造で唯一液体の層である。
2 内核は、高温で固体の岩石の層である。
3 マントルの最上部はアセノスフェアとよばれ、対流している。
4 マントルの下部は高温で固体の金属の層である。
5 プレートが沈み込む場所を海嶺と呼ぶ。

15 日本列島付近の気象に関する記述として、正しいものはどれか。

1 冬は南高北低の気圧配置となる。
2 停滞前線は、梅雨の時期だけ発生し、ほかの季節には見られない。
3 温暖前線が近づくと積乱雲が発生し、夕立や雷雨となる。
4 揚子江気団の勢力が強くなると、ぐずついた天気が続く。
5 夏は小笠原気団の影響により、高温多湿となる。

16 太陽系の惑星に関する記述として、正しいものはどれか。

1 木星型惑星は質量が大きいため、その密度も大きい。
2 火星は公転の向きと逆向きに自転している。
3 海王星の表面には、液体の水が大量に存在する。
4 天王星は自転軸が横倒しになっている。
5 金星には2個の衛星が存在する。

数的推理

1 2桁の正の整数がある。この数の十の位の数と一の位の数を入れ替えた数に8を加えると、もとの数の1.5倍になった。もとの数の十の位の数はいくつか。

1 3   2 4   3 5   4 6   5 7

2 大工Aはある家を建てるのに40日かかる。大工Bは同じ家を建てるのに50日かかる。依頼者は初め大工Aだけに頼んでこの家を建ててもらっていたが、途中から大工Bにもお願いして2人で建ててもらった。結局、家は建て始めてから完成まで32日かかった。大工Bが作業をしたのは何日間か。

1 14日間　　2 13日間　　3 12日間
4 11日間　　5 10日間

3 官庁で、ある仕事を30日間でするのに18人で12日間かかり、3分の1しか進んでいなかった。残りの日数で仕事を完了するには職員を何人増やせばよいか。ただし、各人は同じ仕事の能力をもっているものとする。

1 9人　　2 8人　　3 7人　　4 6人　　5 5人

4 6%の食塩水200gがある。この食塩水に600gの濃度のわからない食塩水を加えたところ9%になったという。この食塩水の濃度はいくらか。

1 10%　　2 11%　　3 12%　　4 13%　　5 14%

5 袋のなかに5個の赤玉と4個の白玉が入っている。なかを見ることなくここから3個の玉を取り出すとき、少なくとも1個は赤玉である確率はいくつか。ただし、袋のなかに入っている玉はまったく同じで、手で触ったくらいでは区別できないものとする。

1 $\dfrac{37}{42}$　　2 $\dfrac{19}{21}$　　3 $\dfrac{13}{14}$　　4 $\dfrac{20}{21}$　　5 $\dfrac{41}{42}$

6 次の整数の列はある規則にしたがって並んでいる。この列の20番目の数を求めよ。

1 、2 、4 、7 、… …

1 171　　**2** 181　　**3** 191　　**4** 201　　**5** 211

7 サイコロを2個同時に振って、合計で8になる確率を求めよ。

1 $\dfrac{1}{36}$　**2** $\dfrac{1}{18}$　**3** $\dfrac{1}{12}$　**4** $\dfrac{1}{9}$　**5** $\dfrac{5}{36}$

8 1周900mある池のまわりをAは毎分68m、Bは毎分62mで同時に同じ場所から同方向に歩き始めた。AがBに追いつくのは何時間後か。

1 1時間　　**2** 1.5時間　　**3** 2時間　　**4** 2.5時間　　**5** 3時間

判断推理

1 A〜Fの6人が、身長の高い順に右から横1列に並んでいる。6人の並び順について以下のことがわかっているとき、正しいのはどれか。

ア：Aより身長の高い者は2人おり、そのうち1人はEである。
イ：Bから2人おいて右側にDが並んでいる。
ウ：FはBより身長が高い。

1 AとFの間に1人並んでいる。
2 Bより身長の高い者が3人いる。
3 もっとも身長が高いのはCである。
4 DはFより身長が低い。
5 Eは右端に並んでいる。

2 最近読んだ小説について仲間内で話し合ったところ、次のことがわかった。これから確実にいえるのはどれか。

- 歴史小説を読んだ者は、推理小説を読んだ。
- 歴史小説を読まなかった者は、恋愛小説を読まなかった。
- 社会小説を読んだ者は、恋愛小説を読んだ。

1 歴史小説を読まなかった者は、推理小説を読まなかった。
2 恋愛小説を読んだ者は、社会小説を読んだ。
3 推理小説を読まなかった者は、恋愛小説を読まなかった。
4 社会小説を読まなかった者は、歴史小説を読んだ。
5 推理小説を読んだ者は、社会小説を読んだ。

3 A ～ Eの5人で徒競走をした。競技が終わってから、順位についてA、B、D、Eの4人が次のように語った。同着の者はなく、また、4人の言っていることがすべて正しいとき、2位と3位の者の組合せとして正しいのはどれか。

A：「私は1位でも2位でもなかった。」
B：「Cは私よりも前にゴールした。」
D：「私はBに負けたが、最下位ではなかった。」
E：「私の直前にAがゴールした。」

	2位	3位
1	B	A
2	B	D
3	C	A
4	C	B
5	C	D

4 次のような3方陣で3数の和は15である。もっとも小さい数が1でaに入り、bに4が入るとき、xに入る数として正しいものはどれか。

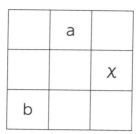

1 2　　**2** 5　　**3** 6　　**4** 7　　**5** 9

5 チューリップの球根を植えたところ1本の花が咲いた。A〜Cの3人の子どもに花の色を聞いたところ、以下のように答えたが、咲いた花の色が[　　]のときに3人のうち1人だけが本当のことを言っていることになる。
空欄に入る言葉として正しいものはどれか。ただし、植えた球根の花の色は、赤、黄、ピンク、白とする。

A：赤でもなく黄でもない。
B：黄でもなくピンクでもない。
C：ピンクでもなく白でもない。

1 赤か白
2 赤か黄
3 ピンクか白
4 黄か白
5 黄かピンク

6 12個の物体がある。これらは同じ形、大きさをしており、見た目では区別をつけられないが、1個だけほかとくらべて軽いものが紛れこんでいる。その重さが違う1個を上皿天びんを使って見つけ出したい。上皿天びんは最低何回使えばよいか。ただし、偶然わかった場合は最低回数にしないものとする。

1 2回　　2 3回　　3 4回　　4 5回　　5 6回

7 ある暗号によると、「花」は「SYBJRE」、「空」は「FXL」となる。この暗号で「UNAQ」となるものは、次のうちどれか。

1 星　　2 水　　3 手　　4 山　　5 顔

8 A～Eの5人は複数の外国語を話すことができる。話せる外国語は英語、フランス語、ドイツ語、中国語の4種類で、それぞれ3人ずつ話せる人がいる。次のことがわかっているとき、確実にいえるものはどれか。

ア：AとCはまったく同じ外国語が話せる。
イ：A、BおよびCはそれぞれ2種類の外国語が話せ、DおよびEはそれぞれ3種類の外国語が話せる。
ウ：DはBが話せる外国語のほかに中国語を話せる。
エ：Bはドイツ語を話せない。

1 Aが話せるのは、中国語、英語である。
2 Aが話せるのは、中国語、フランス語である。
3 Dが話せるのは、ドイツ語、中国語、英語である。
4 Eが話せるのは、ドイツ語、中国語、英語である。
5 Eが話せるのは、ドイツ語、フランス語、英語である。

空間把握

1 下の正八面体の展開図を組み立てたとき、頂点Pと重なる頂点はどこか。

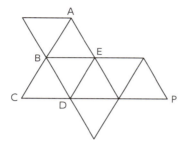

1 A   **2** B   **3** C   **4** D   **5** E

2 下図の立方体の展開図として正しいものは、次のうちどれか。

1

2

3

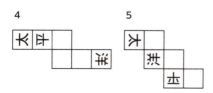

3 次の長方形を直線上を滑ることなく矢印方向に転がしたとき、点Pの描く軌跡はどれか。

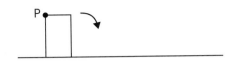

1

2

3

4

5

4 1辺が4の正方形の内部を1辺が1の正方形が滑らずに矢印方向に回転している。頂点Pの軌跡として正しいものは、次のうちどれか。

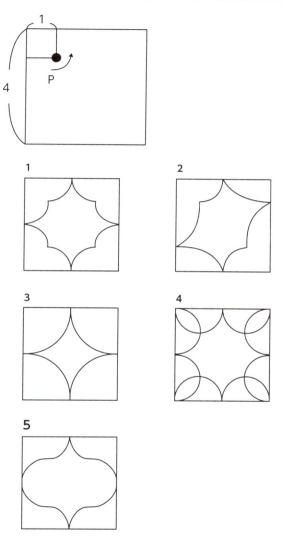

資料解釈

1 次の表は、ある高校でのアンケート調査「現在抱える悩みでもっとも深刻なものを1つだけあげてください」の結果を種類別、男女別に集計したものである。この表からいえることとして正しいものはどれか。

悩みの種類	成 績	友 人	家 庭	異 性	健 康	その他	な し	合 計
男 子	171	152	98	87	35	5	2	550
女 子	152	126	53	61	42	19	3	456
合 計	323	278	151	148	77	24	5	1006

1 男子・女子の両方とも、抱える悩みで3番目に多いのは、家庭に関するものである。

2 成績に関する悩みをもっとも深刻としている者の、男子・女子それぞれの人数に占める割合は、男子のほうが女子よりも大きい。

3 異性に関する悩みをもっとも深刻としている者の、男子・女子それぞれの人数に占める割合は、男子のほうが女子よりも大きい。

4 学年が上がるにつれて、ほかの悩みよりも成績に関する悩みをもっとも深刻とする者の割合が増えてくる。

5 男子のなかで、友人に関する悩みをもっとも深刻としている者の占める割合と、女子のなかで、成績に関する悩みをもっとも深刻としている者の占める割合は、同じである。

2 次のグラフは学歴別初任給の対前年上昇率の推移を男女別に表したものである。このグラフからいえることとして正しいものはどれか。

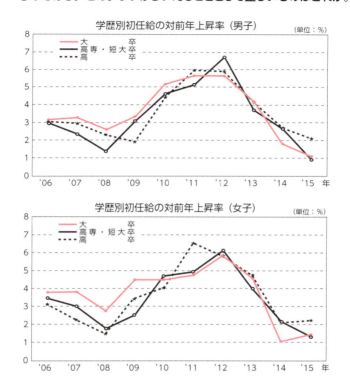

1 男子の学歴別の2012年の初任給は、2011年と比較すると、大卒の初任給が高専・短大卒および高卒よりも上昇額が少なかった。
2 2009年の初任給は、2008年と比較して高卒男子の初任給だけ減少しているが、ほかの初任給はすべて上昇している。
3 2013年と2014年の初任給の上昇率が、それぞれの前年に対して減少しているのは、経済現象を反映したものである。
4 2009年から2011年にかけて、すべての学歴の初任給が上昇したが、2012年から2014年にかけては、逆にすべての学歴の初任給が減少した。
5 2015年の初任給の対前年上昇率は、2014年の初任給の対前年上昇率と比較すると、大卒女子と高卒女子の上昇率だけが増加している。

文章理解

1 次の文の主張の主旨として妥当なものはどれか。

カトリック教徒が習慣としている日曜ごとに教会に行って跪いている生活は
うらやましい。

われわれが、1週間に1度沈黙する時間をもつことになったら、われわれの
人生はもっと内的に豊かになるだろう。現代における肖像画の衰退は、美術
史発展のうえの美学的な必然のほかに、現代人が内面的に貧しくなった結果
ではないか。今のわれわれの顔は内面生活のいらだたしさの長年の反映から
恐ろしく不統一な卑俗なものになり、内部から輝き出る静かな光を失っている。
表情をつくり出す苦悩や希望はすべて一時的な無責任なもので、芸術家の手
によって永遠の表現を与えるのにふさわしくないものになり終えている。

1 肖像画の衰退は、現代人の内面的な貧しさと関係がある。
2 現代人の生活は刺激が多く、皆疲れ切っているので、もう少し休養を取る
　べきである。
3 現代人は、ときには自己の内面を見つめ、内的世界を豊かにすべきである。
4 現代人は、外的な豊かさよりも内面的豊かさを磨くべきである。
5 現代人は、何事に対しても感情的で、一時的な対応をするようになった。

2 次の文の内容と一致しているものはどれか。

主張があるのは、たいてい野暮です。これも面白いことです。近代以降は
誰しも主張していかないと、アイデンティティーをちゃんともっていないとダ
メみたいな強迫観念がありますが、江戸ではあえて主張しないものに価値を
見出すところがあります。自分はこれが好きなんだと言い切ってしまうのは野
暮であるという、不思議な感覚です。

また、1つのものに固執することも野暮だと言われています。

江戸の人たちが一概に粋を至上として、野暮を悪いと思っていたかというと、
まったくそうでもありません。たとえば、商家の番頭さんなどが、「番頭という
のは野暮に決まっております」と言って若旦那をいさめるようなシーンが、落
語などによくあります。

あの場合の野暮には、「野暮の誇り」があるのです。

何より野暮には「物を生産する」パワーがあって、それで世が動いていたの
です。

1 江戸時代の粋人には、アイデンティティーをもたなければいけないという強迫観念があった。
2 江戸時代においては、野暮というのは誇り高い人を指していた。
3 江戸時代の粋と野暮が、落語の発展の基礎をなした。
4 江戸時代は野暮が果たす役割もよく理解されていた。
5 江戸時代の人たちは野暮を必要悪として認識していた。

3 次の英文の要旨として最も適切なものはどれか。

  My grandfather is over sixty years old, but he does not look as old as he is. He has large collection of potted plants ; he has more plants than he can count. He always says that nothing gives him greater pleasure than getting up early in the morning and looking after them. The older he grows, the more interested he becomes in cultivating potted plants. The number of his favorite plants gets larger and larger every year.

1 趣味に没頭している人は、そのおかげで実年齢より若く見えるものだ。
2 私の祖父は60歳を超えてから、鉢植えの植物に興味をもった。
3 私の祖父にもっとも大きな楽しみを与えているのは鉢植えの植物で、お気にいりの植物の数は年々多くなっている。
4 植物というものは愛情をもって世話をすればするほど立派に育ち、数も増えていくものである。
5 私は祖父が鉢植えの植物を愛でているのを見るたびに、ほかにも趣味をもってほしいものだと考えてしまう。

実力チェック問題 解答・解説

社会科学

1 **4** | 生存権は具体的救済を求める権利ではなく、プログラム規定。アクセス権はメディアに自分の意見を発表する場を求める権利。

2 **5** | 憲法改正は総議員の2/3以上の賛成が必要。衆議院で可決、参議院で否決の法律案は、衆議院の2/3以上の賛成で再可決が可能。

3 **3** | 内閣総理大臣は大臣の任免権や大臣への訴追同意権、内閣は天皇の国事行為への助言と承認、衆議院の解散権などの権限がある。

4 **4** | 日本の違憲審査権は具体的（付随的）違憲審査制で、刑事・民事事件など具体的事件の審査にともなって違憲審査が行われる。

5 **2** | 国際連合の安全保障理事会は、常任理事国5か国と非常任理事国10か国で構成されている。非常任理事国に拒否権はない。

6 **5** | 需要の購買力が減少すると需要曲線は左シフトし、生産コストが上昇すると供給曲線は左シフトする。

7 **5** | 景気停滞時の金融政策としては、通貨量を増加させることが必要。金利を下げると通貨量が増加する。

8 **4** | 1 酒税は間接税。2 水平的公平と垂直的公平が逆。3 間接税の負担は逆進的。5 消費税は消費者が負担する。

9 **3** | 国民総所得（GNI）＝国内総生産（GDP）＋海外からの純所得。狭義の国民所得（NI）＝国内純生産（NNP）－間接税＋補助金。

10 **1** | 円高は日本円表示の数値が小さくなる。輸出品の価格は上がり、海外からの需要が減少するので国内需要を増やす必要がある。

11 1 | それぞれのキーワードを覚える。ケインズ…「有効需要の原理」、マルクス…「社会主義」、アダム・スミス…「見えざる手」。

12 3 | 酸性雨の発生源として、工場の排煙や自動車の排出ガスが問題視され、日本を含めた各国が対策に取り組んでいる。

人文科学

1 5 | 旧里帰農令は、下層町人対策の1つとして出された。1は享保の改革、2は田沼時代、3は天保の改革、4は正徳の治に関する記述。

2 4 | 四民平等により、江戸時代以来の身分制が廃止。1 版籍奉還と廃藩置県が混同している。2は金納、3は軽工業、5は20歳が正しい。

3 3 | 五・一五事件で政党内閣に終止符が打たれた。2 ロンドン海軍軍縮条約と統帥権干犯問題が混同している。5 軍部の発言権は増大した。

4 2 | ジェームズ2世がフランスに亡命して、名誉革命が成功した。1 権利の請願はチャールズ1世の時代。3は独立宣言が正しい。

5 4 | ドイツは世界政策の一環で3B政策を、イギリスはアフリカ縦断政策で3C政策をとった。5 フランスはイギリスと英仏協商を結んだ。

6 2 | イスラム教徒の宦官の鄭和は、多くの国に朝貢させた。1は朱元璋、4は林則徐が正しい。3 李自成の乱で滅亡し、ヌルハチが建国した。

7 1 | エスチュアリーは、河口が沈水してラッパ状になった海岸。3は峡湾が正しい。5 リアス海岸は鋸歯状の屈曲をもつ海岸である。

8 3 | ラトソルは熱帯・亜熱帯地方に分布する成帯土壌。1はポドゾル、2はチェルノーゼム、4はテラローシャ、5はレグール土の記述。

9 2 | シンガポールは中国系住民が4分の3を占める。1はイスラム教、3はフィリピン、4はブミプトラ政策、5はチャオプラヤ川が正しい。

10 1 | 道元は、ひたすら坐禅に打ちこむこと（只管打坐）の必要性を説いた。2は栄西、3は法然、4は日蓮、5は親鸞に関する記述。

実力チェック問題 解答・解説

283

| **11** 4 | ダ゠ヴィンチ（『最後の晩餐』『モナ・リザ』）、ラファエロ（『聖母子像』『アテネの学堂』）、ミケランジェロ（『最後の審判』『天地創造』）。 |
| **12** 5 | 面目躍如とは、世間の評価に値する活躍をしていて、生き生きとしているさま。また、名声・世間体などがよりよくなるさま。 |

自然科学

1 4	$g=9.8(m/s^2)$なので$y=\frac{1}{2}gt^2$より、$176.4=\frac{1}{2}\times9.8\times t^2$。$t=\sqrt{176.4\times2\div9.8}=6$（秒）。$v=gt$より、$v=9.8\times6=58.8(m/s)$。
2 3	$V=RI$（電圧＝抵抗×電流）より、$6=20\times I$。$P=VI$（電力＝電圧×電流）より、$P=6\times\frac{3}{10}=1.8$。
3 5	1 光は横波。2 音の強さは「振幅」の影響。高さが「振動数」の影響。3 音速は温度が高いほど速い。4 赤っぽく見える。
4 2	42℃のお湯の質量をxgとすると、$(70-42)\times x=(84-70)\times80$より$x=40(g)$。42℃のお湯の熱容量は、$4.2J/(g\cdot K)\times40=168(J/K)$。
5 2	1 陽子と中性子のみ。3 電子は陽子の約$\frac{1}{1840}$の質量数。4 オゾンは酸素の同素体。5 陽イオンになりやすい。
6 5	1 陽子数で決まる。2 電子殻の数が等しい。3 2個または1個。4 アルカリ土類金属と呼ぶ。
7 1	2 2番目に強固な結合。3 互いの価電子を共有する結合。4 金属結合の特性の1つ。5 3モルの水ができる。
8 4	1 22.4リットル。2 下方置換法（HClは水に溶けやすい）。3 淡青色で生臭いにおいがある。5 可燃性の気体。
9 4	1 赤血球は核がない細胞の1つ。2 解糖系は細胞質器質で進む。3 アミノ酸からタンパク質を合成。5 半透性と全透性が逆。
10 3	1 緑ではなく、赤および青。2 光補償点ではなく、光飽和点。4 ストロマではなく、チラコイド。5 二酸化炭素は葉からのみ。

11 **1** | **2** すい臓が分泌。**3** 肝臓は白血球を生成しない。
4 脂質の消化。**5** 血しょう成分の大部分がこし取られる。

12 **5** | **1** F1はすべてが優性。**2** 父親と母親から半数ずつ。
3 A型、O型のいずれか。**4** A型、B型、O型、AB型のいずれか。

13 **3** | **1** S波ではなく、P波。**2** 震源ではなく、震央。
4 マグニチュードではなく、震度。**5** 中央部ではなく、先端部。

14 **1** | **2** 高温で固体の金属の層。**3** マントルの最上部はプレート（リソスフェア）の一部であり、硬い。**4** 高温で固体の岩石の層。
5 海嶺ではなく、海溝。

15 **5** | **1** 西高東低。**2** 秋の長雨の季節でも日本列島付近にみられる。
3 寒冷前線。**4** 天気は周期的に変わる。

16 **4** | **1** 密度は小さい。**2** 火星ではなく、金星。
3 海王星ではなく、地球。**5** 金星には衛星がない。

数的推理

1 **1** | もとを10A+Bとすると、10B+A+8=1.5（10A+B）。整理して$A=\frac{(17B+16)}{28}$。AとBは正の整数なので、可能な組合せはA=3、B=4。

2 **5** | 全仕事量を1とすると、Aの仕事量+Bの仕事量=$\frac{1}{40}\times32+\frac{1}{50}\times x$ $=1$。これを解いて$x=10$（日）となる。

3 **4** | 18人で12日の仕事量は18×12=216。残った仕事量は216×2=432。18日で行うので、432÷18=24。追加人数は24−18=6（人）。

4 **1** | 混ぜた食塩水の食塩の量は、（200+600）×9％−200×6％=60 (g)。よって、その濃度は$\frac{60}{600}$=10％となる。

5 **4** | 余事象と全事象の関係を使う。3個とも白玉になる確率は、$\frac{4}{9}\times\frac{3}{8}$ $\times\frac{2}{7}=\frac{1}{21}$なので、$1-\frac{1}{21}=\frac{20}{21}$となる。

6 3 | 20番目の数は、階差数列1〜19の合計 $\frac{(1+19)\times19}{2}$ =190に、求める数列の初項1を加えればよい。よって、190+1=191となる。

7 5 | サイコロの問題は、6×6の表をつくって求めるとよい。2個の目の出方は36通り、足して8になる目の出方は(2, 6)(6, 2)(3, 5)(5, 3)(4, 4)の5通りなので、$\frac{5}{36}$。

8 4 | AがBに追いつく速さは、68m/分−62m/分=6m/分。追いつく距離は池1周900mなので、900÷6=150(分)。2.5時間後となる。

判断推理

1 5 | 条件ア〜ウを満たす並び方は、CBFADE。条件イのB○○Dの配置がポイントとなる。

2 3 | 条件を記号にすると、歴→推、$\overline{歴}$→$\overline{恋}$、社→恋。それぞれの対偶は、推→$\overline{歴}$、恋→歴、$\overline{恋}$→$\overline{社}$。命題がつながるのは**3** 推→$\overline{歴}$→$\overline{恋}$。

3 2 | Aは3位か4位。3位と仮定すると、Dが最下位になり条件にあわない。到着順は、CBDAEの順。

4 4 | 最小が1で3数の和が15なので、1 〜9までの数字を使う。中心は5。1列の合計が15になるので、加減するとx=7となる。

5 5 | 咲いた花の色を仮定して、発言が正しいか確める。赤→B・C、黄→C、ピンク→A、白→A・B。1人だけ正しいのは黄かピンク。

6 2 | 12個を3等分して、4個ずつ上皿天びんにのせる。1回目で4個に、2回目で最低2個に絞れる。確実に見つける最低回数は3回。

7 3 | 暗号化した文字数から、利用しているのは英語とわかる。アルファベットを13文字ずつ分けて対比している。UNAQ→HAND。

8 5 | 条件ウからBは中国語が話せない。AとBが英語・仏語を話せる場合、3人という条件にあわない。Eは、英語・仏語・独語。

空間把握

1 3 　三角形を2つ連ねてPとEを含むひし形を左に転がす。点Pが重なるのはABを1辺とする三角形の1つの頂点で、Cが重なる。

2 5 　辺の角度が90°の正方形を転がし、文字が書いてある3つの正方形を集める。図と同じようになるのは**5**。

3 3 　回転の中心から点Pまでの長さが半径。最初の回転の半径が一番長く、次が一番短い。円弧の順番は大→小→中の順となる。

4 1 　大きい正方形と点Pがどこで接するかを見ていく。半分まで図形を書けば正答は1つに絞れる。

資料解釈

1 3 　異性に関する悩みの割合は、男子が87÷550×100≒15.8％、女子が61÷456×100≒13.4％。男子のほうが大きい。

2 5 　1、3はこのグラフではわからない。また、すべての上昇率は0％以上で初任給が減少している年はない。よって2、4は誤り。

文章理解

1 3 　現代人が失った内面的豊かさを取り戻すためには、1週間に1度沈黙することが必要であるとするのが本文なので、**3**が妥当。

2 4 　本文には、江戸時代では主張することが野暮であるとしていた反面、野暮に誇りをもっていたと書かれている。

3 3 　本文には、祖父が鉢植えの植物に興味をもって生き生きとしており、鉢植えの数が年々増えていると述べられている。

実力チェック問題　解答・解説

287

著者

上野法律セミナー　　うえのほうりつセミナー

東京の上野駅前にある公務員試験・就職試験対策を指導する専門機関。数多くの大学と提携し、大学内で試験対策セミナーを実施している。上野駅前教室では業界初の「マンツーマン授業」を行うなど、合格までの手厚いフォローに定評がある。インターネットを利用した学習教材の開発なども行っている。2021年より、公務員受験者への情報提供サイト「公務員試験ラボ」を配信。全国の受験者へ公務員試験に関する情報を無料で提供している。

〒110-0015　東京都台東区東上野3-18-7　SK上野ビル6階
TEL 03-3831-1223　URL https://www.ueno-semi.com/

代表

澗田雅之　　たにだ まさゆき

昭和60年から公務員受験専門学校で受験指導を行い、短期間で合格するためのノウハウを構築。平成11年に「株式会社上野法律セミナー」を創立し、講義のほか、講演・学校運営コンサルティングも行っている。

【執筆者】　澗田雅之、林政宏、西川哲生、山岸美穂

これだけ！　教養試験
［要点まとめ&一問一答］

著　者　上野法律セミナー
発行者　高橋秀雄
発行所　**株式会社 高橋書店**
　　　　〒170-6014 東京都豊島区東池袋3-1-1 サンシャイン60 14階
　　　　電話 03-5957-7103
©UENO LAW SEMINAR　　Printed in Japan

定価はカバーに表示してあります。
本書および本書の付属物の内容を許可なく転載することを禁じます。また、本書および付属物の無断複写（コピー、スキャン、デジタル化等）、複製物の譲渡および配信は著作権法上での例外を除き禁止されています。

> 本書の内容についてのご質問は「書名、質問事項（ページ、内容）、お客様のご連絡先」を明記のうえ、郵送、FAX、ホームページお問い合わせフォームから小社へお送りください。
> 回答にはお時間をいただく場合がございます。また、電話によるお問い合わせ、本書の内容を超えたご質問にはお答えできませんので、ご了承ください。
> 本書に関する正誤等の情報は、小社ホームページもご参照ください。
>
> **【内容についての問い合わせ先】**
> 　書　面　〒170-6014 東京都豊島区東池袋3-1-1 サンシャイン60 14階
> 　　　　　高橋書店編集部
> 　ＦＡＸ　03-5957-7079
> 　メール　小社ホームページお問い合わせフォームから　（https://www.takahashishoten.co.jp/）
>
> **【不良品についての問い合わせ先】**
> 　ページの順序間違い・抜けなど物理的欠陥がございましたら、電話03-5957-7076へお問い合わせください。ただし、古書店等で購入・入手された商品の交換には一切応じられません。